주일학교 체인지

주일학교 체인지

ⓒ 생명의말씀사 2021

2021년 9월 17일 1판 1쇄 발행
2023년 4월 25일　　5쇄 발행

펴낸이 | 김창영
펴낸곳 | 생명의말씀사

등록 | 1962. 1. 10. No.300-1962-1
주소 | 서울시 종로구 경희궁1길 6 (03176)
전화 | 02)738-6555(본사) · 02)3159-7979(영업)
팩스 | 02)739-3824(본사) · 080-022-8585(영업)

지은이 | 이정현

기획편집 | 서정희, 김유미, 장주연
디자인 | 김혜진
인쇄 | 예원프린팅
제본 | 보경문화사

ISBN 978-89-04-16774-6 (03230)

저작권자의 허락없이 이 책의 일부 또는 전체를
무단 복제, 전재, 발췌하면 저작권법에 의해 처벌을 받습니다.

CHANGE

주일학교 체인지

이정현

추천사

교육 목회의 나침반이 되어주는 '세대통합 교육'

교회교육의 역사는 변하지 않는 복음을 늘 변하는 세상 속에 온전히 전하고자 몸부림쳐온 걸음이었습니다. 18세기 산업 혁명의 변화로 믿음의 부모 세대가 하나님께 받은 세대 간 신앙 전수의 사명을 놓아버렸을 때, 다음 세대 신앙 교육의 대안으로 내놓았던 주일학교는 변화의 갱신 안에서 믿음의 세대를 세워오는 귀한 현장이었습니다.

4차 산업 혁명의 등장과 코로나 펜데믹의 위기 안에서 하나님은 다시금 교회학교의 '변화'를 요청하고 계십니다. 이정현 목사님은 바로 이러한 중요한 변화의 때에 교회 변화의 방향 전환점과 구체적인 교육 목회적 대안을 제시하고 있습니다.

또한, 신앙 전수의 성경적 모델인 '세대통합 교육'을 실제 섬기고 있는 교회 현장에서 적용하고, 열매 맺은 걸음을 이 책에서 생동감 있게 전해주고 있습니다.

사막을 여행할 때 나침반이 필요하듯, 이 책은 한국 교회가 처한 이 위기의 상황에서 '세대통합 교육'이라는 중요한 교육 목회적 나침반을 제공해주고 있습니다. 이 순간에도 주일학교의 본질과 갱신을 균형 있게 붙들고 하나님의 새로운 부흥 역사를 바라보는 교역자와 교사, 부모와 현장 사역자들이 있다면, 그들에게 이 책을 강력하게 추천합니다.

신형섭 _ 장로회신학대학교 기독교교육과 교수

치열한 사역을 통해 배운 현장의 소리

흉년이 들면 찾아오는 세 가지 슬픈 현실이 있다. 첫째는 양의 급감이고, 둘째는 질의 저하이고, 셋째는 다음 농사를 위한 종자의 품귀다. 이 자연적인 현상이 한국 교회 현실에도 그대로 나타나고 있다.
다들 이구동성으로 말한다. "큰일 났다."
대부분 사역자는 이 어려운 사역의 현장을 위기로 체감하고 있으며, 인식은 하고 있다. 그러나 워낙 여러 가지 변수로 깊어진 중병에 어디서부터 어떻게 손을 써야 할지, 답이 없어서 당황하고 있다.
이에 전투 현장에서 잔뼈가 굵은 장군 같은 이정현 목사님이 우리에게 현실을 돌파할 중요한 대안을 공유한다. 저자가 제시하는 대안은 책상 위에서 추론한 원리가 아니다. 치열한 사역을 통해 배운 현장의 소리다. 위기를 바로잡기 위해 성경적 원리로 돌아가자고 외치는 소리다. 그리고 고령화가 되어 가던 한 교회의 담임 목사가 성경적 원리대로 순종하며 따랐을 때 성령님이 어떻게 작업하셨는가를 중개하는 공사 현장의 소리다.
우리의 위기가 교회에서 부모를 대신하여 신앙 전수의 책임을 떠맡은 뼈 아픈 실수와 문어 다리처럼 교회 공동체에서 주변인으로 자라게 했던 다음 세대 교육의 과오에 기인한다고 정확하게 짚어주고 있다.
지금은 위기다. 이 책은 이 위기를 위험의 때가 아닌 기회의 때로 만들 수 있도록 지혜를 제공한다. 이 책을 관통하는 성경적 원리를 골조로 삼고, 저자가 공유하는 공동체의 실제 상황을 예제로 삼아 각 교회 형편에 맞게 다음 세대를 다시 세워보자.

양승헌 _ 파이디온 설립자, 세대로교회 담임목사

교회를 통째로 바꿔야 다음 세대를 살릴 수 있습니다

꼭 나왔으면 했던 책이 나왔습니다. 이 책이 이정현 목사님을 통해 출간되어서 더욱더 기쁩니다. 1888년 스크랜트 부인으로부터 시작된 한국의 주일학교는 한국 교회 부흥의 원동력이었으나, 그 이면에 구조적인 문제점을 안고 있었습니다. 주일학교 교육이 학교식 체계(schooling system)를 따르면서 본의 아니게 세대 간의 단절을 초래한 것입니다.

교회교육은 다음 세대 교육으로 국한되었으며, 부모들은 자녀의 신앙 양육을 교회에 위임하게 되었습니다. 마땅히 자녀의 신앙 교육을 책임져야 할 부모들이 자녀들의 신앙 교육에 등한시하는 동안 자녀들은 다른 세대(삿 2:10)가 되어버렸습니다.

저자의 주장과 같이 교회를 통째로 바꿔야 다음 세대를 살릴 수 있습니다. 저자는 '왜(why)' 주일학교 교육이 변해야 하는지, 기독교교육학자로서 친절하게 설명합니다. 또한 '무엇(what)'이 변해야 하는지, 청소년 전문 사역자로 20년 이상 다져진 안목을 가지고 날카롭게 제시합니다. 마지막으로 '어떻게(how)' 변해야 하는지, 담임 목회자의 폭넓은 관점으로 안내합니다.

주일학교만 변화시킨다고 주일학교가 변하지 않습니다. 결국, 주일학교의 변화는 교회 전체의 문제입니다. 담임 목회자가 변화의 대포를 쏘고, 당회가 지원하고, 부서 담당 교역자와 교사가 현장에서 몸부림을 치고, 무엇보다 부모와 연합해야 가능한 일입니다.

이 모든 변화의 과정이 73년의 역사와 전통을 지닌 청암교회에서 이루어졌다니, 더욱 도전이 됩니다. 이 책이 주일학교의 변화를 꿈꾸는 이들에게 필독서가 되면 좋겠습니다.

주경훈 _ 오륜교회 꿈이있는미래 소장

**신앙 교육의 새로운 패러다임을 찾는 이들에게
실제적인 도움을 주는 책**

한국 교회는 코로나19를 거치면서 몇 가지 중요한 교훈을 얻고 있다. 그 중에 가장 핵심적인 내용은 바로, 신앙 교육의 패러다임이 변하지 않으면 한국 교회는 더 이상 성장할 수 없다는 것이다.

시대와 상황이 변하고 있음에도 불구하고 이 시대를 살아가는 세대에게 적합하지 않은 방법으로 계속 신앙 교육을 한다면, 신앙의 전통은 단절될 수밖에 없다. 그러므로 신앙을 전수하는 사람은 변하지 않는 성경 말씀을 시시각각 변화하는 시대에 어떻게 효과적으로 전달할 것인지를 늘 고민해야 한다.

이 책은 코로나19가 가져다준 신앙 교육의 패러다임 변화에 대한 요구를 무시하지 않고 민감하게 받아들이고 있다. 특히 저자인 이정현 목사는 부모의 참여도를 높이고, 온 세대를 통합하는 신앙 교육의 방식이 현시대에 매우 중요한 신앙 교육 패러다임이라고 주장한다.

사실 저자의 이러한 주장이 더욱 의미 있게 다가오는 이유는, 저자가 이론과 실제를 겸비한 준비된 사역자이기 때문이다. 저자는 기독교교육학의 전문가로 기독교교육 영역에서 많은 연구를 해온 연구자이며, 현장 사역자로 오랫동안 잔뼈가 굵어서 누구보다도 현장의 상황을 잘 알고 있는 실천가이다. 이러한 배경에서 저자는 교회의 신앙 교육이 교회만의 일이 아니라, 부모와 협업해야만 하는 일이라고 강력하게 천명하고 있다.

오늘날 우리 아이들은 교회에서보다 가정에서 훨씬 더 많은 시간을 보낸다. 이 상황에서 부모가 신앙적으로 바르게 서서 내 자녀를 하나님의 말씀으로 건강하게 세우는 일은 선택의 문제가 아니다. 필수적이고 본질적인 일이다. 이 점에서 저자의 지적과 대안은 매우 현실적이면서도 본질적이라 할 수 있다.

저자는 한 단계 더 나아가서 교회의 구조 자체를 온 세대를 통합하는 구조로 바꾸어야 건강한 신앙의 전수가 이루어질 수 있다고 주장한다. 저자의 이러한 주장은 매우 합리적이고 설득적이다.

한국 교회는 그동안 신앙을 전수하는 방식으로 교수 학습에만 과도하게 의존한 면이 있다. 그러나 신앙은 문화와 전통을 통해서도 강력하게 전수된다. 특히 교회 내 신앙의 선배들인 조부모님, 부모님, 직분자들을 통해서 보고 배우는 것이 우리 아이들에게 상당한 영향을 미친다. 그런 면에서 온 세대 예배를 통해 신앙이 문화로써 전수되어야 한다는 저자의 주장과 구체적인 사례 제시는 매우 의미가 있고 시의적절하다고 본다.

이 책이 코로나19로 인해 신앙 교육의 새로운 패러다임을 찾고 있는 수많은 한국 교회의 지도자들, 사역자들, 교회학교 교사와 부모님들에게 커다란 도전과 실제적인 도움을 주리라 생각한다. 한국 교회교육의 새로운 전환기를 고대하는 많은 독자에게 이 책의 일독을 강력히 추천한다.

함영주 _ 총신대학교 기독교교육과 교수

CONTENTS

추천사 / 5
들어가는 말_ 실패한 주일학교, 신앙의 세대 전수 실패 / 12

1장 Crucial Change   바꿔라! 그게 사는 길이다   / 25

우리 교회를 살리는 길, 오직 변화!
고령화된 청암교회, 이렇게 변했다
주일학교 변화를 위한 4가지 필수 조건
지금은 변화를 꾀할 절호의 찬스다

2장 Check up 1   바꾸기 전, 주일학교 실패의 원인을 분석하라!   / 49

아이들과 청년들이 떠나가는 교회의 20가지 특징
주일학교 실패 원인 5가지

3장 Check up 2   바꾸기 전, 주일학교 기본기부터 체크하라!   / 73

변화에 앞서 가장 먼저 확인할 사항, 기본기
아이들이 예배드리는 태도를 체크하라
우리 교회 주일학교 예배 진단 평가
주일학교 예배 기본기 리모델링
주일학교 양육 시스템을 체크하라

4장 Change 1　　**바꿔라! 부모를 가장 먼저**　　**/ 93**

아이들 신앙 교육의 주체, 부모 신앙 세우기
부모가 가진 힘이 최고의 힘이다
지금이라도 성경적으로 교육하기를 시작하라
부모의 힘을 키우기 위한 4가지 추천 프로그램

5장 Change 2　　**바꿔라! 세대통합 교육으로**　　**/ 113**

원래 교회는 세대통합이었다
지금은 세대통합이 대세다
세대통합 주일학교 세팅하기
세대통합 교육에 부모를 참여시켜라
부모들을 주일학교에 참여시킬 수 있는 추천 프로그램

6장 Change 3　　**바꿔라! 이렇게 – '청암교회 사례'**　　**/ 133**

세대통합 교육의 옷을 입은 청암교회, 변화의 시작
말씀의 세대통합
기도의 세대통합
예배의 세대통합
선교의 세대통합
세대통합의 열매

나가는 말_ 다시 한번 교회는 세대통합으로 가야 한다　**/ 152**

[부록] Q&A.　　**목회자를 위한 세대통합 사역 1:1 코칭**　**/ 159**

주　**/ 172**

들어가는 말

실패한 주일학교,
신앙의 세대 전수 실패

코로나19 시대를 겪으면서 '그간 우리 주일학교는 실패했다'는 것을 크게 체감했다. 코로나 상황이 심각할 때 대부분의 교회는 빠르게 비대면 사역으로 전환했다. 그로 인해 전국의 교육부 사역자들이 순식간에 영상 편집가, 유튜버, 방송국 PD가 되어야만 했다.

그간 한 번도 사용해 본 적 없는 영상 편집 프로그램을 배워야만 했고, 일주일 내내 영상 촬영 및 편집에 모든 시간과 에너지를 쏟았다. 그렇게 해서 주일학교의 비대면 예배를 진행할 수 있었다.

결과는 어떠했는가?

처참한 실패였다.

처음에는 아이들이 비대면 예배에 들어오나 싶었지만, 시간이 지날수록 조회 수가 줄어들었다. 엄밀히 말해, 조회 수는 큰 의미가 없었다. 잠깐 보고 나가는 학생도 많았기 때문이다. 또한, 영상만 틀어 놓고 다른 일을 하는 아이도 많았다.

부모가 믿지 않는 가정의 자녀들과 믿음이 없는 아이들에게는 교회가 1년 동안 어떠한 영적인 영향력도 미치지 못했다. 대한예수교장로회 합동 측 총회에서 조사한 설문 조사 결과를 보면, 코로나19로 인해 학생들의 영적인 활동이 크게 감소했으며, 약 70%의 학생들이 온라인 예배를 부정적으로 생각하고 있다는 것을 알 수 있다.[1]

예배가 비대면으로 바뀐 다음부터 '교회가 아이들의 신앙을 위해서 할 수 있는 일이 이렇게 없나?' 하는 생각이 들었다. 우리의 무너짐은 속수무책이었다.

주일학교를 비대면으로 한다는 것은 처음부터 말이 되지 않았다. '비대면 예배'란 예배 영상물을 틀어 놓고 보는 것을 뜻한다. 어린아이들은 예배를 잘 드릴 수 있도록 부모가 옆에서 도와줄 수 있지만, 부모의 참견을 극도로 싫어하는 청소년들은 홀로 영상을 볼 확률이 높다.

청소년들이 혼자서 영상물을 통한 예배를 잘 드릴 수 있을까? 그것도 자기 방에서 아무것도 하지 않은 채 1시간 동안 영상물에 집중하면서 예배드릴 수 있을까? 난센스 같은 질문들이다.

물론 '디지털 네이티브'(Digital Native)라 불리는 우리 아이들은 영상물을 좋아한다. 특히 유튜브는 아이들이 최고로 사랑하는 영상 플랫폼이다. 식당에 가 보면 부모가 식사할 때 많은 아이가 휴대폰으로 영상을 시청하는 모습을 심심치 않게 볼 수 있다.

그러나 아이들은 자기가 좋아하는 영상물만 본다. 아이들이 좋아하는 영상물에 예배와 설교 같은 교회 영상물은 포함되지 않는다. 아이들은 영상물을 활용한 예배에 큰 관심이 없다. 또한, 이전에 영상 예배를 드리는 방법에 대해 훈련을 받은 경험도 전무했다. 그러니 영상을 통한 예배를 제대로 드릴 리 만무하다.

핵심을 짚는다면, 우리 주일학교의 문제는 영상물이라는 콘텐츠에 있는 것이 아니다. 영상을 보는 아이들의 신앙 상태에 있다. 지금 우리 주일학교 아이들은 신앙의 홀로서기가 전혀 이루어지지 않았다. 이것이 바로 대한민국 주일학교의 수준이다.

그간 우리 아이들의 상당수는 부모에게 끌려서 교회에 왔다. 그러나 요즘에는 초등학교 고학년만 되더라도 부모를 따라서 교회에 오지 않으려고 한다. 아이들이 중학교로 올라가는 시점에 가장 많이 교회에서 떨어져 나간다는 통계가 있다.

요즘 부모들은 아이들과 씨름하는 것을 매우 힘들어한다. 그래서 많은 부모가 주일예배 출석을 가지고 모종의 거래를 하기도 한다. 교회에 빠지지 않고 나가면 용돈을 준다거나 휴대폰을 최신 기종으로 바꿔주겠다는 식으로 말이다.

그간 각 교회 주일학교 출석은 아이들의 자발적인 믿음에 의해서 이루어진 것이 아니었다. 부모들의 강요의 힘이 컸다. 그리고 열심 있는 교사들이 토요일부터 전화해서 아이들을 챙기고 주일 아침에 데리러

가는 등 교사의 땀 흘린 헌신을 통해서 만들어진 것이었다.

어찌 보면 한국 교회 주일학교가 한 일은 아이들을 교회에 출석시키기까지였다. 그래도 교사들의 열심에 의해 어떻게 해서든지 아이들을 교회에 앉혀는 놓았다. 그리고 아이들이 웬만하면 성인이 되기 전까지 부모와 교사에게 굴복해 교회 출석은 했다. 많은 주일학교 학생이 어쩔 수 없이 부모의 감시 속에서 예배드렸던 것이다.

우리 주일학교는 딱 거기까지였다. 그 이상이 없었다. 이것이 우리 주일학교의 실상이다. 신앙의 홀로서기가 전혀 이루어지지 않았다. 다른 말로 이렇게 표현할 수 있다.

'우리 아이들은 믿음이 없음. 그냥 교회 출석만 해왔음. 그것도 어쩔 수 없이.'

이런 상황 속에서 코로나19 사태가 터졌고 어쩔 수 없이 비대면으로 예배를 드리게 되었으니, 비대면 예배가 통할 리 없었다. 처음부터 실패가 결정된 싸움이었다. 우리는 온라인 예배 말고 대안도, 대책도 없었다. 그래서 와르르 무너져 내리고 말았다.

그간 언론 매체는 주일학교 아이들의 수가 줄어드는 통계를 보이면서 큰 위기라고 많이들 외쳤다. 그래서 교회마다 전문 사역자를 뽑고 재정 투자를 하는 등 나름의 노력을 했다. 하지만 그 효과는 매우 미비했다고 본다.

현재 우리의 상황을 이해하기 위해서 미국의 데이터를 참고할 필요가 있다. 현재 미국교회 고등학생의 66%가 대학교에 진학한 뒤 교회를 떠나고 있다.[2] 역사상 중간에 교회를 가장 많이 그만두는 세대이고, 기독교 신앙의 근간이 완전히 무너져 내려 오직 4%의 청소년들만 기독교 세계관을 가지고 있다.

현재 10대 무신론자 비율은 기성세대보다 2배나 높다.[3] 미국 역사상 최초로 기독교 인구 50%가 무너져 '후기 기독교 사회'라고 불릴 정도다.[4] 미국의 다음 세대는 역사상 최고의 위기에 처했다.

우리나라의 모습은 어떠한가? 지금 믿음의 가정에서 부모들이 하는 고민이 바로 이 고민 아닌가? 교회 안에서 자녀들의 신앙 교육 때문에 힘들어하는 부모들을 너무나 많이 보고 있다. 주일학교 세미나에 가 보면 대부분의 교회가 주일학교의 위기로 어려움을 겪고 있다. 지금 한국 교회 주일학교의 모습은 우리가 그토록 싫어하는 성경 본문인 사사기 2장 10절처럼 되어 버렸다.

"그 세대의 사람도 다 그 조상들에게로 돌아갔고 그 후에 일어난 다른 세대는 여호와를 알지 못하며 여호와께서 이스라엘을 위하여 행하신 일도 알지 못하였더라"

믿음의 세대인 여호수아 세대는 약속의 땅 가나안을 밟았다. 여호수아 이후의 다음 세대를 성경은 '다른 세대'라고 한다. 이스라엘 백성은 불과 한 세대 만에 하나님을 알지 못하게 되었고, 하나님이 하시는 일도 모르는 세대가 되었다. 그런데 지금 한국 교회 주일학교 아이들이 그런 세대가 되었다.

간신히 교회만 다녔지, 아이들의 대부분은 이미 다른 세대가 되어 버렸다. 교회를 위해 헌신하고 목숨까지 걸었던 조부모 세대의 모습을 전혀 찾아볼 수 없다. 부모 세대의 믿음의 유산이 자녀 세대에게 제대로 전달되지 않았다. 한국 교회는 신앙의 세대 전수에 있어서 완전히 실패했다.

이러한 실패는 특정 교회와 교단의 문제만이 아니다. 규모에 상관없이 모든 교회에 영향을 준다. 주일학교 자녀들에게 믿음이 확고부동하게 세워져 있지 않았기 때문에 코로나19로 전국의 수많은 교회의 주일학교가 초토화되었다.

더 큰 문제는 지금 한국 교회의 허리라고 할 수 있는 3040 젊은 부모 세대가 급감하고 있다는 사실이다.[5] 이유는 이 시대 교회들의 전반적인 모습에 대한 실망감, 변하지 않는 전통적 교회 모습에 대한 불만, 3040 세대를 향한 특화된 교육 프로그램의 부재, 젊은 교회를 지향하지 못하는 목회 철학 부재 등이다.

이런 현상으로 말미암아 한국 교회는 앞으로가 더 걱정이다. 죽도록 헌신해서 지금의 교회를 만들어 놓은 부모 세대는 떠나고, 그 자녀들의 세대는 급속도로 교회를 등지고 있으며, 지금 자라는 세 번째 세대인 주일학교 세대는 아예 교회와 상관없는 세대가 되고 있다. 신앙의 세대 전수에 있어서 완전히 실패한 것이다.

우리는 빨리 이 부분에 대한 실패를 인정하고 새롭게 시작해야 한다. 지금부터 새 판을 짜야 한다. 주일학교의 판을 뒤집어엎고 새롭게 바꿔야 한다. 구시대적인 주일학교 패러다임으로는 더 이상 불가능하다.

이제는 새로운 주일학교 패러다임이 필요하다. 바꾸지 않고서는 불가능하다. 바꿔야만 지금의 주일학교 부모 세대인 3040 세대의 신앙을 바로 세울 수 있고, 그들의 자녀들의 신앙도 홀로 서게 할 수 있다.

그렇다면 신앙의 세대 전수를 위해서 '주일학교의 무엇을 어떻게 바꾸어야 할까? 그 대안은 무엇일까?' 이제 그 이야기를 시작하겠다.

CHANGE

— 1장

Crucial Change

바꿔라!
그게 사는 길이다

우리 교회를 살리는 길, 오직 변화!

변한다는 것은 생각보다 무척 어렵다. 아마 변화를 선호하는 집단은 세상에 없을 것이다.

1960년대 후반 미국 사회는 요동쳤다. 베트남 전쟁이 발발했고, 인권 운동과 히피 운동 등이 일어났으며, 로큰롤 음악이 발달해 이른바 젊은이들의 반란 시대로 불렸다.[1]

새롭게 대두된 청소년 문화가 사회적으로 크게 붐을 이루면서 교회에도 청소년들이 넘치게 되었다. 그런데 이때 대부분의 교단은 새로운 시대적 분위기를 따라가지 못했다. 오히려 전통적 분위기에 청소년들을 가두어 버렸다. 그 결과, 한 세대 후에 대부분 주류 교단의 주일학교 학생 수가 급감했다.

우리나라도 마찬가지다. 전통이 강한 교단과 교회일수록 변화를 싫어한다. 교회의 변화가 얼마나 어려운지에 대해 우리에게 전해 내려오는 전설적인 이야기가 있다.

어느 교회에 새로 부임한 목사님이 본당 피아노 위치가 마음에 들지 않아서 사찰 집사님께 반대쪽으로 옮기자고 했다. 그러자 집사님이 말하기를, "목사님, 전임 목사님이 피아노를 옮기다가 짤리셨어요. 절대로 옮기시면 안 됩니다"라고 했다. 그러자 목사님이 집사님께 말했다. "집사님, 그러면 피아노를 하루에 1cm씩만 이동하세요." 그리고 1년 후에 아무도 모르는 사이에 피아노가 반대편으로 옮겨졌다고 한다.

필자는 담임 목사로 청빙 받았을 때 선배 목사님들로부터 변화를 조심하라는 조언을 받았다. 3년간은 주보 하나도 바꾸지 말라고 하신 분도 있었다. 부목사 시절에는 보트를 몰기 때문에 빠르게 회전해도 문제가 없었지만, 담임 목사는 대형 유람선을 몰기 때문에 빠르게 회전하면 배가 침몰하고 만다고 조언하셨다.

특히 필자가 시무하는 청암교회는 73년 역사와 전통을 자랑하는 전통 교회로, 서울 용산구 청파동 도심 한가운데 위치하고 있다. 이 지역은 원래 서울 부촌 중의 한 군데였으나, 부자들이 떠난 후 고급 주택 부지에 빌라와 다세대 주택이 들어서면서 거주 계층이 달라졌다. 시간이 더 흐르면서 이 동네는 전형적인 고령화 도시가 되어 버렸다.

처음 교회에 부임해서 교회 요람을 보고 깜짝 놀랐다. 은퇴 권사의 수가 시무 권사의 수보다 훨씬 더 많았다. 교회 60년사가 기록되어 있는 책을 보면, 28년 전 원로 목사님이 부임하실 때부터 이미 교회는 고령화되어 있었다.

지난해 어버이주일에 만 70세 이상 어르신들에게 드릴 선물을 준비했는데, 교회에 빠지지 않고 출석하시는 분이 150명이나 되었다. 이 정도면 대한민국에서 가장 고령화된 교회가 아닐까? 60대 시무 장로님들의 나이는 교회에서 중간 위치밖에 되지 않는다.

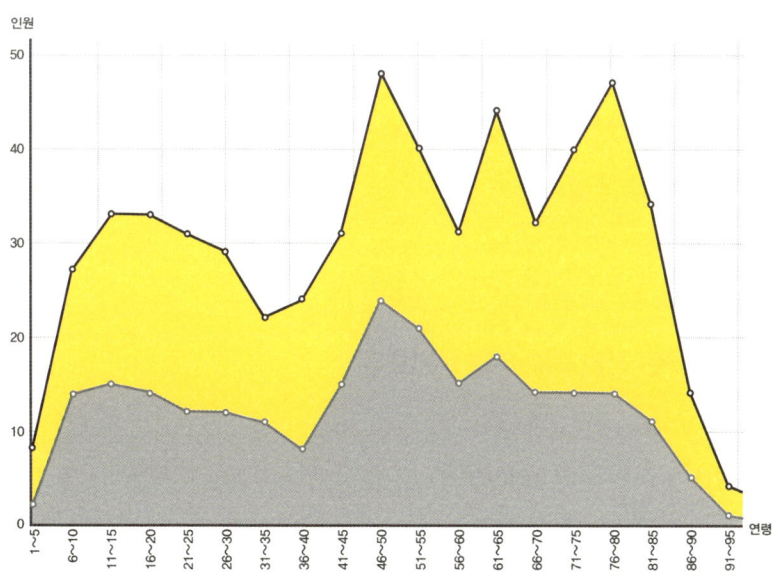

| 부임 당시 청암교회 교인 연령층 분석 |

이러한 환경에서 변화를 시도하기란 매우 주저되는 일이었다. 그렇다고 그냥 두면 교회는 더욱더 고령화될 것이 뻔했다. 부임할 당시 청암교회 주일학교의 역동성은 제로였다. 단지 전통에 묶여 있는 도심의 교회였다.

최근 발표된 통계에 의하면, 믿음이 좋은 부모일수록 주일학교 자녀를 대상으로 하는 교육이 좋은 교회를 선택한다고 한다.[2] 따라서 필자에게 주일학교의 역동성을 살리는 일은 필수 과제였다. 청암교회가 선택할 수 있는 유일한 방향은 '변화'였다. 기도하는 가운데 이런 마음이 들었다.

'만약 우리 교회와 같이 고령화된 교회가 변화된다면 대한민국 모든 교회도 변화가 가능하겠다.'

하나님이 필자를 청암교회에 보내신 이유는 이 교회에서 변화가 이루어지면 다른 모든 교회의 변화도 가능하다는 사실을 알려 주기 원하셨기 때문인 것 같다.

고령화된 청암교회, 이렇게 변했다

변화가 어려운 상황이었지만 우리는 변화의 길을 선택했다. 최근 변화가 일어난 청암교회의 모습을 기술하면 다음과 같다.

첫째, 주일학교 예배 공간의 변화

전통 교회에서 힘이 있는 곳은 찬양대다. 필자가 부임할 때도 교회 안에 무려 4개의 찬양대가 있었고, 주일학교 모든 부서에 찬양대가 별도로 조직되어 있었다. 찬양대 연습실도 아주 좋은 위치에 자리하고 있었다.

반면 주일학교 공간을 보았더니, 매우 협소했다. 특히 주일학교 아이들이 교회에서 뛰어놀 수 있는 공간이 너무 없어 보였다. 필자의 교육지론은 아이들의 공간은 넓어야 하고 교회 안에서 축구도 할 수 있어야 한다는 것이다. 그러나 당시 청암교회 주일학교 공간은 '어와나'(AWANA)[3] 프로그램을 진행하기도 벅찰 정도로 작았다.

결국 찬양대가 주일학교를 위해 자신들의 공간을 통 크게 양보해 주었다. 덕분에 1층에 위치한 찬양대실과 부속실로 사용하던 4군데 장소를 터서 '키즈워십'(Kids Worship)이라고 불리는 주일학교 대형 공간을 만들었다. 대대적인 리모델링을 진행했고, 완전히 현대적인 아이들 전용 예배 공간으로 탈바꿈했다.

아이들의 전용 공간이 만들어진 후 아이들은 그곳에서 예배를 드리고, 주일 오후에는 어와나를 하고, 예배 전후로는 축구를 하거나 방방을 타고 게임도 한다. 공간 하나 바뀌었을 뿐인데 주일학교 아이들이 신났다. 그 모습을 보는 교사들과 부모들도 행복해한다. 아이들은 밖에 나가서 놀 필요도, 휴대폰으로 게임을 할 필요도 없다. 키즈워십에서 놀면 되기 때문이다.

이처럼 주일학교 예배 공간의 변화로 인해 이른바 3040 젊은 부모들의 교회에 대한 만족도가 매우 상승했다.

둘째, 교역자들이 사역하는 공간의 변화

전통 교회에서 당회의 권위는 말할 수 없을 정도로 크다. 당회의 권위는 당회실의 크기와 위치로도 알 수 있다. 청암교회에는 가장 좋은 위치에 커다란 당회실이 있었다. 반면, 교역자실은 매우 협소했다.

필자가 담임 목사로 부임한 후 교회 안에 교육이 강조되면서 새롭게 부임한 교육부 사역자들이 정말로 열심히 사역했다. 전임이든 파트든 늘 교회에서 살다시피 했다. 이러한 교역자들의 열심을 장로님들이 지켜보셨고, 이내 당회에서 당회실과 교역자실을 맞바꾸기로 결의했다. 장로님들은 이구동성으로 말씀하셨다.

"장로인 우리는 주 1회 당회실을 사용하는데, 매일 사용하는 교역자실이 넓어야지요."

이후 공사는 일사천리로 진행되었다. 교육부 사역자들을 향한 장로님들의 헌신이 돋보였던 순간이다.

셋째, 아이들을 위한 양보

청암교회에는 보이지 않는 지정석이 있다. 물론 웬만한 전통 교회의 경우 지정석이 다 존재할 것이다. 그 지정석은 주로 장로님들과 권사님들의 자리다. 그분들은 자기 자리에 누가 앉는 것을 무척 싫어하신다. 보통 지정석은 본당 앞쪽에 위치하고 있다.

어느 주일 오후 예배 시간이었다. 장로님들과 권사님들이 앉으시는 VIP석에 새로운 이들이 가득 차 있는 것이 아닌가. 바로 주일학교 아이들이었다. 교회 어르신들은 아이들에게 자리를 양보하고 뒷좌석으로 가서 앉으셨다.

그날 오후 예배는 좀 특별했다. 코로나19로 인해 성경학교를 진행하기가 힘들어서 주일 오후 예배 시간 전체를 아이들을 위해 할애했다. 전문 뮤지컬팀이 왔고, 아이들과 부모들과 교사들을 중심으로 예배를 드렸다.

보통 주일 오후 예배에 출석하는 성도 중에는 어르신이 많다. 그런데 그날은 어르신들이 아이들을 위해 자리를 양보하셨고, 시간을 양보하셨고, 프로그램을 양보하셨다. 어찌 보면 그날 오후 예배에 진행했던 프로그램은 어르신들과 큰 상관이 없었지만 말이다.

넷째, 청년부의 폭발적인 성장

청년들과 젊은 세대는 고령화된 교회에 오기를 꺼린다. 보통은 그 이유가 교회가 늙어서라고 생각하는데, 그렇지 않다. 청년들이 교회를 떠나는 이유 중에 1, 2순위가 담임 목사와 중직자 때문이다.

쉽게 말해서 교회 리더십들이 청년들에게 일만 시키려고 하고, 그들을 위한 뚜렷한 방향성을 제시하지 못했기 때문에 청년들이 교회를 떠나고 만 것이다.

청년 부흥은 그리 어렵지 않다. 우선 담임 목사가 청년들을 진심으로 사랑하면 된다. '진심으로 사랑한다'는 말을 강대상에서 립 서비스로만 하지 말고, 실제로 청년들을 위한 다양한 사역을 구체적으로 추진해야 한다. 말과 행동으로 청년들을 향한 사랑을 보여준다면, 청년들도 담임 목사의 진심을 알게 될 것이다.

청암교회는 청년부 예배를 3부 성인 예배로 격상시켰고, 장소도 본당으로 옮겼으며, 설교도 담임 목사가 청년들의 눈높이에 맞춰서 했다. 그리고 청년부 사역자는 청년 사역에 올인할 수 있도록 근무 환경을 조성해 주었다. 청년부 예산을 대폭 상향하여 청년들이 마음껏 사역할 수 있도록 도와주었다.

담임 목사의 관심이 늘 청년들에게 있다는 것을 몸소 보여 주었고, 실제로 청년들과 자주 교제했으며, 청년들을 위해서 종종 먹거리를 사주었다.

청년들은 금세 알아차렸다. 청암교회는 청년들을 향한 비전이 있다는 것을! 이후 청년들이 물밀 듯 들어왔다. 중학교 이후 교회에 발길을 끊었던 형제가 교회에 나왔다. 청년부에 대한 소문을 들은 청년들이 군대에서 제대하자마자 다시 교회로 돌아왔다.

지방 출신 청년들은 선후배가 서울로 올라오면 청암교회로 연결했다. 이 지역에 이사를 온 후 주변 교회들을 돌며 예배를 드리다가 청암교회에 등록한 청년들이 많았다.

1년 사이에 청년부의 분위기가 달라져도 너무 달라졌다. 웬만한 초

대형 교회 부럽지 않은 멤버십이 생겨났다. 청년부의 양육 프로그램, 독서 모임, 리더 모임, 기도 모임이 거의 매일 진행되고 있는데, 분위기가 너무 좋으니 매주 새 신자가 온다. 결국 청년부는 1년 새 4배 이상 성장했다.

청암교회가 궁극적으로 지향하는 '세대통합 목회'의 중심에도 청년부가 있다. 세대통합 예배를 청년부가 인도하는데, 온 교회를 열광의 도가니로 인도한다. 뜨겁게 찬양하고 온 마음을 다해 기도하며, 예배의 분위기를 압도한다.

아마 지금 청암교회에서 일어나고 있는 이러한 변화는 한국 내 모든 교회가 원하는 변화일 것이다. 특히 전통적인 교회일수록 변화에 대한 갈망이 크리라 생각한다.

73년 장구한 역사를 가진 청암교회는 지금 변화 중에 있다. 모든 성도가 처음 겪어 보는 변화 속에서 행복해하고 있다. 이 모든 변화는 기존 어르신들의 헌신이 있었기에 가능했다. 우리 교회에서 종종 외치는 구호가 있다.

"어른들이 불편하면 아이들이 편해진다."

교회의 미래를 위해서 부모와 조부모 세대들이 불편을 감수하기로 했다. 변화는 저절로 일어나지 않는다. 기성세대의 희생과 결단이 반드시 요청된다. 그러면 변화는 어떻게 일어날 수 있을까? 교회 주일학교 변화를 위해서는 다음의 조건들이 필요하다.

주일학교 변화를 위한 4가지 필수 조건

첫째, 변화의 일번지는 담임 목사여야 한다

최근 한국 교회 안에 다음 세대 사역에 절박함이 많이 나타나고 있다. 그래서 교회마다 시설에 투자하고 있고, 전문 인력을 세우는 일을 적극적으로 하고 있다. 전에 없던 포지션이 교회마다 생겨났는데, 바로 '교육 디렉터'다. 그런데 현장 속에 있어 보면 교육 디렉터의 역할이 무엇인지 본인도 모르고, 교회도 모르는 경우가 허다하다. 때로는 교육 디렉터에게 교육에 대한 모든 책임을 떠넘기기도 한다.

교회교육으로 앞서가는 군산드림교회의 경우 담임 목사의 교육 철학이 주일학교 전체를 바꾸었다.[4] 담임 목사에게 교회교육에 대한 절대적 확신이 있을 때 주일학교의 변화가 가능하다.

교회교육을 그저 교회 조직 중 한 부서의 교육으로 여기고 있다면 큰 오산이다. 교회교육은 교육부 담당 장로 혼자서 감당할 수 있는 작은 파이가 아니다. 교회교육은 교회 전체를 움직이는 가장 중요한 부분이다. 그리고 그 결과에 따라 교회의 미래가 좌지우지된다.

따라서 반드시 담임 목사가 교회교육 전체에 대한 청사진을 가지고 있어야 한다. 지금 우리 교회 주일학교의 위치를 정확히 파악하고, 우리 교회에 걸맞은 교육 그림을 그릴 수 있어야 한다. 이 부분이 선행되어야만 변화가 이루어질 수 있다.

기독교교육의 본질은 불변하지만, 교육의 방법론은 반드시 시대를 반영해야 한다. 그렇다면 교회교육은 반드시 변화되어야 한다. 각 시대에 따른 변화 패러다임이 존재한다. 그리고 그 변화의 주체는 담임 목사여야 한다. 그때 비로소 제대로 된 변화가 가능하다. 단지 전문 사역자 몇 명을 세웠다고 교회교육이 변하지 않는다.

필자는 교역자 회의 시간에 교육부 사역자들에게 이런 이야기를 종종 한다.

"여러분이 가지고 있는 무기는 소총입니다. 그러나 저는 대포를 가지고 있습니다. 담임 목사가 위에서 대포를 쏴 줘야 여러분이 소총을 들고 제 역할을 할 수 있을 것입니다. 교육에 대한 책임은 모두 제가 집니다. 여러분은 자기 역할에만 최선을 다하면 됩니다."

담임 목사에게 변화에 대한 의지가 없다면 주일학교 교육은 결코 변할 수 없다. 반대로 담임 목사의 의지만 있으면 어떠한 교회든 변화할 수 있다.

군산드림교회에서 교회교육 콘퍼런스를 맡아서 진행할 때였다. 3년 연속 교사들과 함께 와서 참여하시는 담임 목사님을 보았다. 주일학교를 반드시 변화시키겠다는 확고한 의지가 있는 분이셨다.

아직 주일학교에 대한 전문적 식견과 경험이 없는 담임 목사님이라도 지금부터 충분히 준비하면 그에 맞는 역량을 개발할 수 있다. 시중에 출간된 도서를 통해 스스로 공부하면 된다. 교육 시스템이 잘 구비된 교회를 벤치마킹하는 것도 좋다. 담임 목사를 위한 교회교육 세미나에도 적극적으로 참여하면 된다. 필요하면 지금이라도 교육학 학위 과정을 공부하는 것도 방법이 될 것이다. 무엇이든지 해야 한다. 그리고 하면 된다.

중요한 것은 담임 목사가 변화되지 않으면 교회교육 생태계의 변화는 어렵다는 것이다. 담임 목사들은 우리 교회의 변화는 반드시 나로부터 시작되어야 한다는 사실을 명심해야 한다.

둘째, 변화는 비전이 있어야 가능하다

4차 산업혁명 시대에 맞춰 변하고 있는 북미권의 학교들을 소개한 『최고의 학교』라는 책이 있다. 이 책에서 교육 혁명을 만들어 낸 학교들의 공통된 특징을 발견할 수 있는데, 바로 리더의 비전 제시가 있었다는 점이다.

특히 웨스트버지니아주에 있는 던바인터미디어스쿨의 경우를 보자. 이 학교는 전형적인 빈곤 지역에 위치한 보통 학교였는데, 2014년도에 교장으로 부임한 제니 스펜서가 새로운 교육에 대한 비전을 제시했다. 그 비전은 다음과 같다.

"아이들이 즐거운 학교, 등교하고 싶은 학교."

그는 학생들에게 수업 시간에 단지 진도에 맞춰 문제만 풀게 하지 않고, 즐겁게 학교생활을 하면서 스스로 목적의식을 갖게 했다.[5] 실제로 비전대로 학교가 만들어져 갔고, 지금은 북미권의 대표적인 학생 참여형 학교가 되었다.

청암교회에 담임 목사로 부임하기 전 교회를 리서치한 결과, 청암교회는 73년의 역사를 가지고 있었고, 대부분 3대가 함께 신앙생활을 하고 있었다.

그래서 장로님들과 처음 대면하는 자리에서 청암교회의 목회 비전이 '세대통합 목회'라고 공포했다. 청암교회처럼 고령화된 교회에 최적화된 목회 비전이 '세대통합 목회'라고 판단했기 때문이다.

장로님들은 쌍수를 들고 환영하셨다. 온 세대가 어우러지는 모습을 성도들도 염원하고 있었던 것 같았다. 청암교회의 주일은 예배도 매우 중요했지만, 3대가 함께 모이는 자리라는 의미도 컸다. 그래서 성도들의 관심이 신앙의 세대 전수에 있었다.

그러나 신앙의 세대 전수가 현실로 이어지고 있진 않았다. 여느 교회들처럼 자녀들은 성장하면서 교회를 떠났고, 인근 대형교회로도 많이 옮겨 갔다. 대부분의 성도가 '자녀들만 다시 돌아와도 교회가 크게 부흥할 텐데'라는 생각을 하고 있었다.

부임 이후에도 끊임없이 '세대통합 목회'에 대한 비전을 흘려보냈다. 그러고는 세대통합 목회를 하나씩 실천해 갔다. 담임 목사가 교육 변화의 주체로서 움직이면서 교회 전체 교육의 그림을 그려나갔다. 어찌 보면 큰 변화였지만, 성도들이 체감할 때 결코 무모한 변화는 아니었다. 세대통합 교육은 교회 안에 금방 자리를 잡았고, 교회 안에 꽤 많은 긍정의 효과를 주었다. 세대통합 교육에 대한 부분은 후반부에 자세히 다루겠다.

청암교회는 도심 한가운데 있는 교회로, 교회는 고령화되었지만 지역 거주자들의 연령별 분포도를 조사해 본 결과 20-30대가 가장 많았다. 그래서 청년부에 대한 청사진을 제공했고, 앞으로 교회의 미래와 생존은 청년부에 달려 있다고 끊임없이 강조했다.

이후 당회로부터 청년부에 대한 전폭적인 재정 지원을 받았고, 청년들은 교회에서 일만 하는 봉사적 존재가 아닌, 귀하게 여김 받는 특별한 존재로 변화되었다. 그 덕분에 청년부는 단기간에 성장했다. 이 모든 일은 지역에 대한 정확한 분석을 토대로 선명한 비전을 제시했기 때문에 가능했다.

더 나아가 대한민국 공교육의 플랫폼이 계속 무너지는 가운데 대안학교에 대한 비전을 제시했다. 젊은 성도들은 자녀 교육에 무척 민감하다. 특히 서울 도심에는 기독교 신앙을 바탕으로 한 대안학교가 많지 않다. 따라서 청암교회가 반드시 그 역할을 해야 한다는 필요성을 찾았다.

대안학교를 시작하기 전에 먼저 '청암키즈스쿨'(Kids School)을 만들었다. 지역 사회와 소통하며 교육의 공백을 채울 필요를 느꼈기 때문이다. 지역 아이들을 대상으로 영어, 미술, 일본어, 논술 교육 및 독서 지도, 바이올린 무상 교육을 시작했다. 시작하자마자 지역 사회에서 선풍적인 인기를 끌면서 2주 만에 모든 수강 신청이 마감되었다. 앞으로 청암교회는 청암키즈스쿨을 기반으로 정식 학교로 나아갈 준비를 하려고 한다.

비전은 사람들에게 기대감을 심어 준다. 특히 믿음을 바탕으로 한 비전은 우리에게 더 큰 열망을 안겨 준다.

히브리서 11장 1절은 "믿음은 바라는 것들의 실상이요 보이지 않는 것들의 증거니"라고 말한다. 믿음이 바탕이 된 비전이 제시되면 성도들은 이미 실체로 그 비전을 본 듯한 느낌을 받게 될 뿐만 아니라, 그 비전이 이루어지리라 확신하게 된다. 그래서 비전이 있는 교회교육은 교회 전체를 바꿔 놓기에 충분하다.

셋째, 변화는 자연스럽게 이루어져야 한다

1925년 서울시에서 택시 운행 허가를 내주었을 때 당시 인력거꾼들이 크게 반대하며 시위까지 했다. 최근 몇 년 사이에도 새로운 택시 시스템 도입에 대한 논의가 있었지만, 기존 운수업의 저항이 매우 거세 국내 도입이 이루어지지 않았다. 보통 사람들은 빠른 변화를 반기지 않는다.

그래서 변화는 자연스럽게 이루어져야 한다. 자연스러운 변화가 건강한 변화다. 청암교회는 이미 빠른 속도로 변하고 있었지만, 모두 그 속도를 느끼지 못했다. 왜냐하면 자연스러웠기 때문이다.

청암교회 찬양대실이 아이들의 교육 시설로 바뀌고, 당회실과 교역자실을 맞바꾼 것은 청암교회로서는 획기적인 일이었는데, 모두 자연스럽게 이루어졌다. 시설을 바꿔 달라고 강력하게 요청한 사람도 없었는데, 당회에서 자연스럽게 결의가 되었다.

비전이 제시되면 사람들의 마음이 움직이기 시작한다. 주일 오후에

어와나(Awana) 프로그램이 시작되면서 주일 오전 교육 부서와 겹치는 부분들과 교사들의 이동 문제가 교회의 화두였는데, 이 일 역시 아무런 잡음이 없이 진행되었다. 어와나에 대한 정확한 비전이 있었고, 결국 이 모든 일이 아이들의 교육 만족도를 올리는 것이라는 점에 모두가 동의했기 때문이다.

교육 환경의 변화, 교육 프로그램의 변화에 있어서 모든 것이 순조로웠다. 투명하고 정확한 교회교육 비전은 사람들의 마음을 설레게 하며, 그들을 일사불란하게 움직이게 한다.

지난해 연말 당회 때는 예상하지도 못한 일이 발생했다. 교회교육에 대한 확고부동한 비전을 계속 전달하고 있었는데, 교육 전담 전임 사역자를 더 충원하자는 당회의 결의가 갑자기 이루어졌다. 이것은 필자의 메모에 없는 내용이었다. 그런데 단 한 분의 장로님도 반대하지 않으셨다. 아주 자연스럽게 교회 교육 부서 전임 교역자 충원이 이루어진 것이다.

넷째, 주일학교의 변화는 온 성도를 행복하게 한다

청암교회에 일어난 변화는 단지 일개 교육 부서의 변화가 아니었다. 교회 전체 교육 철학과 방향의 변화였다. 그 핵심에는 세대통합 교육이 있었다. 세대가 통합되면서 교육에 대한 만족도가 급상승했다.

청암교회는 각 부서가 각개전투를 하지 않는다. 전체 교육을 하나로 묶어서 온 세대가 한 방향으로 가는 주일학교를 지향한다. 일례로 절기 때 주일예배를 세대통합으로 드렸는데, 어린아이부터 장년층까지 모두가 행복해했다. 세대통합 교육이라는 옷이 우리 교회에 꼭 맞는다는 것을 한 번 더 확인할 수 있었다.

부임한 지 얼마 되지 않아서 '토요 온 가족 새벽기도회'가 열렸다. 이때 교회에 출석한 지 약 40년 되신 권사님이 정말 오랜만에 새벽예배에 나오셨다. 그분이 새벽예배에 출석하신 이유는 새로 부임한 담임목사가 새롭게 사역을 시작하는데 성도들이 너무 적게 참여하면 마음에 상처가 될까 봐 힘을 주시기 위해서였다.

그런데 권사님은 교회 본당 문을 여는 순간 깜짝 놀라셨다. 40년 동안 청암교회에서 신앙생활을 하는 중에 새벽예배에 이처럼 많은 성도가 앉아 있는 모습을 처음 보신 것이다.

본당에 주일 출석 성도의 약 50%가 모여 있었다. 찬양팀이 뜨겁게 찬양 인도를 하며 열정적인 예배가 진행되었는데, 권사님은 '이게 우리 교회가 맞나?' 하는 생각이 들었다고 하셨다.

추수감사주일 때 전 교인이 1년 동안 감사한 제목을 적어서 감사 나무에 열매를 주렁주렁 달아 놓았다. 한 원로장로님은 "교회 안에 일어난 획기적인 변화에 감사합니다"라고 고백하셨다. 실제로 그날 드린 세대통합 예배에 이전에 경험하지 못한 엄청난 감동과 은혜가 있었다.

주일학교를 중심으로 교회 안에 변화가 일어나게 되면 전 교인이 행복해한다. 주일학교의 변화는 교사나 아이들만 좋아하는 일부의 변화가 아니라, 교회 전체의 변화다.

주일학교의 변화는 교회의 분위기를 밝게 만들어 준다. 한 예로, 부활절 세대통합 예배 때 최근 부흥한 청년부가 예배를 이끌어 갔는데, 그 모습을 보면서 가장 좋아하신 분들이 교회 어르신들이었다. 주일학교가 일어나면 모두가 즐거워진다. 아이들이 있는 곳에는 웃음이 있고, 행복이 있다.

한 지방 도시에 70대 어르신이 집 앞에 있는 대형 교회를 두고 10분이나 택시를 타고 젊은 사람들이 많이 모인 교회에 등록하셨다. 그 교회 담임 목사가 "왜 이리 멀리까지 오셨습니까? 집 앞에 좋은 교회가 있는데요"라고 질문하자 어르신이 이렇게 말씀하셨다. "집 앞 교회는 노인들만 있어서 재미가 없어 여기로 왔습니다."

어르신들도 어르신들만 있는 것을 좋아하지 않는다. 실은 모두가 변화를 원하고 있다. 교회 주일학교 안에서 일어나는 건강한 변화는 교회 전체를 행복하게 만들어 줄 것이다.

지금은 변화를 꾀할 절호의 찬스다

시대가 급변하고 있다. 2015년 3월, 영국의 대표 대중매체 「이코노미스트」는 '포노 사피엔스'(phono sapiens) 시대가 도래했다고 발표했다. 포노 사피엔스란 스마트폰으로 모든 것을 해결하는 인간을 뜻한다. 이제는 스마트폰으로 거래하고, 소비하고, 미디어를 보고, 금융 시스템에 동참한다.[6] 우리는 스마트폰 하나만 있으면 모든 것이 해결되는 시대에 살고 있다. 스마트폰은 단순히 기기가 아닌, 신체 일부와 같은 존재가 되었다.

변화에 민감한 교회들은 교회교육에 스마트 장비를 매우 잘 활용하고 있다. 현재 우리나라에 보급된 스마트폰이 5천만 대가 넘는다. 거의 모든 성도가 스마트폰을 가지고 있다. 모두가 변화에 빠르게 적응하는 시대다.

성도들은 스마트폰을 이용한 목회에 적응하는 데 시간이 오래 걸리지 않았다. 다들 상당히 빠른 속도로 디지털 목회에 적응했다. 심지어 청암교회 80대 원로장로님들과 은퇴 권사님들도 이제는 줌(ZOOM)을 척척 사용하신다. 교회 예배와 소그룹과 성경 공부도 스마트폰 하나면 해결된다. 심지어 스마트폰으로 당회도 개최했고, 예결산 공동의회도 치렀다.

청암교회의 교역자들도 디지털에 상당히 앞서 있었다. 코로나19로 인한 비대면 상황에도 발 빠르게 대처한 결과, 주일학교 예배와 분반공부 참여율이 꽤 좋았다. 때로는 대면 때보다 비대면일 때 더 높은 예배 참석률을 기록하기도 했다. 평균적으로도 거의 100% 가까이 영상예배와 줌을 통한 분반공부가 잘 진행되었다. 이 모든 것은 변화에 빠르게, 그리고 긍정적으로 대처한 결과라고 생각한다.

제4차 산업혁명 시대에 발맞춰서 교회들이 즉각 변했으면 좋았을 텐데, 그간 교회들이 변화에 상당히 인색했다. 그런데 코로나19가 교회들을 상당히 빠르게 변화시켰다. 특히 변화에 강력하게 저항했던 교회들까지 강제적으로 모두 변화시켰다. 주일학교 역시 무조건 변해야만 했다.

과거 주일학교는 크게 3가지 틀에 의해서 움직였다. 첫 번째는 예배, 두 번째는 다양한 활동 프로그램, 세 번째는 먹거리를 통한 교제다. 하지만 이제는 이 모든 일을 제대로 하기가 어렵다. 코로나19가 주일학교의 모든 풍속을 바꿔 버렸다.

심지어 코로나19는 교육부 사역자들의 역할마저 바꿔 버렸다. 대한민국 모든 주일학교 사역자들이 유튜버가 되었다. 사역자들은 매주 방송 준비에 모든 에너지를 쏟고 있다. 설교가 유튜브에 올라가기 때문에 사역자 간 비교도 쉽게 이루어진다. 심지어 "요즘 교회에서 최고 인기 있는 사역자는 영상 전문성이 있는 사역자다"라는 말도 있다.

이제는 강제적으로 주일학교의 플랫폼 자체가 바뀌어 버렸다. 모든 부분이 디지털을 기반으로 하고 있다. 예배, 분반공부, 제자양육, 성경학교, 수련회, 교사 모임, 학부모 기도회 등 모든 프로그램이 디지털 플랫폼 안에 들어왔다. 이런 생각이 든다.

'주일학교가 그간 너무나 바뀌지 않았기 때문에 하나님이 강제로 바꾸시는 것이 아닐까?'

세계 역사가 이미 말해 주고 있는 것은, 전염병이 늘 세상을 바꿨다는 사실이다. 영원하리라 믿었던 로마 제국을 떠올려 보라. 160년대에 창궐한 안토니우스 역병으로 하락세를 겪고 결국 무너졌다. 중세의 봉

건제도 역시 흑사병에 의해 붕괴되었다.[7] 어쩌면 지금 우리가 겪고 있는 코로나19 전염병이 우리에게 변화를 손짓하고 있는 것일지 모른다.

이 위기의 때, 코로나19는 변화를 요청하시는 하나님의 강력한 메시지일 수 있다. 지금 변화의 타이밍을 놓쳐서는 안 된다. 변화에 민감하게 반응하지 않으면, 유럽의 교회들처럼 완전한 쇠퇴기에 빠질 수도 있기 때문이다.

기독연구원 느헤미야의 배덕만 교수는 "지금 한국 기독교는 자정 능력이 없어서 결국 '새 술은 새 부대에 담아야 한다'"라고 말했다.[8] 한국 교회가 지금 변화되지 않으면 완전히 침몰하고 만다는 것이다.

지금은 변화의 때다. 우리는 먼저, 주일학교의 문제점을 면밀히 파악해야 하고, 새로운 대안을 찾아야 한다. 지금 우선적으로 필요한 것은 우리 교회 주일학교의 문제가 무엇인지, 교회교육의 문제가 무엇인지를 정확히 진단하는 것이다. 그래야 변화의 필요성도 알게 되고, 변화의 방향도 찾을 수 있다. 반드시 지금 변화해야 한다.

〈교육 부서 변화를 위해 담임 목사들에게 도움이 될 만한 책〉
『아이들이 교회로 몰려온다』(임만호, 생명의말씀사)
『교사 베이직』(이정현, 생명의말씀사)
『싱크 오렌지』(레지 조이너, 도서출판디모데)
『다음세대 교육, 가정이 답이다』(장한섭, 한국NCD미디어)
『중고등부 믿음으로 승부하라』(이정현, 좋은씨앗)

CHANGE

— 2장

Check up 1

바꾸기 전,
주일학교 실패의 원인을 분석하라!

아이들과 청년들이 떠나는 교회의 20가지 특징

앞 장에서 주일학교가 실패했다고 말했다. 그러면 그 실패란 무슨 의미일까? 주일학교의 기능을 제대로 못 했다는 뜻이다. 주일학교의 주된 기능은 아이들의 영혼을 깨우고, 영적 잠재력을 끌어올려 주는 것이다.

그러나 한국 교회 주일학교는 이 기능을 제대로 감당하지 못했다. 그래서 결국 신앙의 세대 전수가 이루어지지 않았다. 교회마다 아이들은 더 이상 모이지 않고, 많은 젊은이가 이미 오래전에 교회를 떠났다.

보통 청년들과 젊은이들이 떠나는 교회는 다음과 같은 특징이 있다.

- 사회적 흐름에 역행하는 교회
- 세습 등 윤리적인 요소를 무시하는 교회
- 반공, 애국만 강조하는 교회
- 설교 시간에 정치적 발언을 하는 교회
- 자신들의 믿음만 참 믿음이라고 심하게 고집부리는 교회
- 누가 욕하든 말든 크게 신경 쓰지 않는 교회
- 모든 부분이 기득권 중심인 교회
- 어른 성도들이 다니기에 너무 편안한 교회
- 청소년과 청년들의 활동에 쉽게 제동 거는 교회
- 교육 부서의 새 프로젝트 통과가 어려운 교회
- 교회 내 '파격'이라는 말이 불가능한 교회
- 교육 부서 재정 지원을 주저하는 교회
- 다음 세대들의 흥밋거리가 없는 교회
- 젊은 부모들이 매력을 못 느끼는 교회
- 젊은 사람들 입에서 "우리 교회 좋다"라는 말이 나오지 않는 교회
- 젊은이들을 위한 특화된 프로그램이 없는 교회
- 기독교 세계관 교육을 하지 않는 교회
- 몇 년째 모든 부분이 제자리인 교회
- 반성과 사과가 없는 교회
- 교회의 방향성이 뚜렷하지 않은 교회

우리 교회는 과연 이 중 몇 개에 해당한다고 생각하는가? 해당하는 항목이 많을수록 교회에 젊은이들이 없고, 주일학교는 실패했을 확률이 높다.

코로나19 상황을 겪으면서 큰 충격을 받았다. 간혹 제자들이 SNS를 통해 연락해오면, 필자가 가장 먼저 이렇게 질문한다.

"너 신앙생활 잘하고 있니? 주일예배에 빠지지 않고 잘 다니니?"

당연히 신앙생활을 잘하고 예배를 잘 드리고 있을 거라고 예상하며 던진 질문인데, 연락해 온 학생 중에 그렇지 못한 경우가 많았다.

전에도 신실한 믿음은 아니었지만 그래도 주일예배는 절대 빠지지 않던 아이들이었는데, 지금은 예배에 빠지는 것이 예삿일이 되어 버렸다. 비대면으로 예배를 드린 기간에는 온라인으로 예배를 거의 드리지 않았고, 대면으로 바뀌었어도 교회에 출석하지 않은 학생들이 많았다.

무엇보다도 교회에 빠지고, 예배를 안 드리는 것이 틀린 행동이라고 인식하지 못하고 있다는 점이 가장 큰 문제였다.

코로나19 전에는 주일이 되면 정해진 시간에 잠에서 깨어나야 하고, 교회까지 와야만 했는데 그러한 의무 조항이 다 사라져 버렸다. 완전히 신앙의 봉인 해제가 되었다. 비대면 예배 기간이 워낙 길어지다 보니 주일예배와 평소 삶의 경계선 자체가 사라져 버린 것이다.

주일과 평일의 차이가 없어졌다. 주일 아침에 자다가 일어나서 휴대폰을 켜고 예배드릴 마음이 아이들에게 없다. 아마도 코로나19 상황 속 대한민국 주일학교의 일반적인 모습이리라 생각한다. 이러한 아이들의 모습에 대한 간략한 진단명은 이러하다.

"믿음 없음."

단지 코로나19 때문에 아이들의 믿음이 약해진 것이 아니라, 그전부터 우리 아이들은 믿음이 없었다. 단지 코로나19로 그 모습이 확연하게 드러난 것뿐이다.

그간 한국 교회는 다음 세대 신앙 전수에 실패했다. 과연 우리나라에 부모 없이, 교사 없이, 어떠한 외부의 도움도 없이 스스로 주일 아침에 영과 진리로 예배를 드릴 수 있는 아이들이 몇 퍼센트나 될까? 과연 지금 교회 출석부에 이름이 적힌 아이들 가운데 10%라도 제대로 예배를 드리고 있을까?

우리는 왜 신앙의 세대 전수에 실패했는가? 어떻게 사사기 2장과 같은 믿음이 다른 세대가 나오게 되었는가? 변화에 앞서 우리의 문제를 진단하는 것이 중요하다. 한국 교회 주일학교의 실패 원인은 다음과 같다.

주일학교 실패 원인 5가지

첫째, 숫자놀음 주일학교

그간 주일학교는 너무나 숫자 지향적이었다. 모든 판단 기준이 출석 숫자였다. 이것은 우리나라 교회만의 문제는 아니다.

2011년 영국 성공회 총회가 열렸는데, 당시 성도들의 평균 연령이 61세였다. 지난 40년 동안 영국 교회 성인의 50%, 주일학교 자녀들의 80%가 교회를 떠났다. 이에 영국 성공회는 특단의 조치를 취했다. 무조건 출석 숫자를 회복하기 위해 총력을 기울이자는 것이었다.[1]

출석 숫자를 늘리는 데 집중한 영국 성공회는 어떻게 되었을까? 2019년 통계를 보면, 주일학교의 학생수 가 과거 10년 전보다 무려 27%나 감소했다. 성인 출석률은 17%나 감소했다.[2] 신기하게도 아무리 출석 숫자에 치중해도 숫자가 회복되지 않았다.

그럼에도 우리는 모든 부분을 출석 숫자로 평가한다. 심지어 사역자의 능력까지 아이들의 출석수로 결정한다. 어떤 교회는 교육 부서의 예산을 출석하는 학생들의 숫자에 따라 수립한다. 그래서 부서마다 연간 계획을 세울 때면 '내년에 출석 인원 몇 명' 등 외향적인 목표를 세웠다.

출석 숫자에 얼마나 민감한지, 교사대학이나 교사세미나 강사로 초청받아 가는 교회마다 다음과 같은 장로님들의 하소연을 듣게 된다.

"목사님, 우리 주일학교가 전에는 꽉 찼었고 아이들이 넘쳤는데, 지금은 아이들이 없습니다. 어떻게 하면 다시 아이들이 가득해질 수 있을까요?"

30-40년 전에는 동네에 아이들이 많았다. 그래서 북 한 번만 치면 아이들로 교회를 가득 채울 수 있었다. 오늘날에는 불과 20년 전과 비교해 보아도 주일학교 아이들이 많이 줄어들었다.

그런데 왠지 그 책임을 교사들이 다 지고 있다고 느껴진다. 최근 교사세미나를 가 보면 대부분 교회 교사들의 표정이 어둡다. 교사들이 아주 능력이 없거나 큰 실수를 한 것도 아닌데 마치 죄인인 양 풀이 죽어 있는 경우가 꽤 많다.

정말 우리의 문제는 출석 숫자가 줄어든 것뿐일까? 그것이 가장 큰 문제일까?

신앙에서 가장 중요한 것은 지속성이다. 몇 번 교회에 나오다가 그만 나오는 사람을 가리켜 절대로 믿음이 있다고 말하지 않는다. 어릴 때 주님을 만나서 평생 그 믿음을 가지고 살아가는 것이 진짜 신앙일 것이다.

그렇다면 20-30년 전 교회를 가득 채웠던 주일학교 학생들은 다 어디로 갔을까? 만약 그들에게 진정한 믿음이 있었다면 지금 한국 교회에 40대 성도들이 넘쳐 나야 한다. 하지만 현실은 어떠한가? 교회에서 가장 적은 수의 세대가 3040 세대다.

많은 교회가 '우리 교회가 20-30년 전에는 주일학교를 잘 운영했다'라고 생각하고 있을지 모른다. 당시 아이들을 교회로 불러들이는 데는 성공했을지 몰라도 제대로 된 신앙 교육에서는 실패했다고 본다.

만약 교회가 주일학교 교육을 믿음으로 잘 이끌어 왔다면 결과물이 있어야 한다. 그것은 바로 청년부와 젊은 장년부의 모습이다. 각 교회의 청년부와 40대 장년부의 현황을 보면 그간 주일학교 사역이 실패했는지, 성공했는지를 단번에 알 수 있다.

우리가 섬기는 교회는 어떠한가? 주일학교 아이들이 교회에 남아서 믿음의 가정을 꾸리고, 또 믿음의 다음 세대를 만들어 내는 선순환이 일어나고 있는가? 아마도 대부분의 교회는 그러지 못하고 있을 것이다. 청년들을 비롯한 젊은 세대가 교회를 많이 떠났기 때문이다. 소위 '가나안 성도'가 계속 늘고 있다.

더불어서 2020년 출산율은 역대 최하인 0.84를 기록했다. 태어난 신생아 수가 27만 2,400명밖에 되지 않는다.[3] 2020년 출생한 아이들의 20%가 교회에 출석한다고 가정하면 총 5만 4,480명이다. 현재 한국 교회 수가 7만 8,000여 개인데, 한 교회당 1명씩 출석하기도 어렵다. 이것이 현재 우리 교회가 직면한 현실이다.

이제 앞으로는 교회에 아이들을 많이 모이게 하고 싶어도 아이들이 없어서 모일 수 없게 된다. 혹자는 열심히 전도하면 된다고 말한다. 맞는 말이다. 하지만 과거의 전도 전략이 통하지 않는다. 전도 자체가 매우 어려워졌다. 가정마다 아이들이 귀하기 때문에 부모들이 쉽게 교회에 보내지 않는 시대다. 무교인 사람 중에 기독교를 긍정적으로 보는 경우는 6%밖에 되지 않는다.[4] 기독교의 이미지도 매우 좋지 않다.

게다가 지금은 학령인구 급감의 시대다. 과거처럼 길가 곳곳에 무리 지어 있는 아이들을 무조건 전도해서 교회를 채우기는 힘든 시대가 되었다.

주일학교의 가장 중요한 본질을 '몇 명 출석하는가?', 즉 인원수로 삼아서는 안 된다. 규모 성장적인 주일학교를 지향하면 교회는 더 큰 화를 입게 될 것이다. 주일학교의 가장 중요한 방향성은 남아 있는 아이들이 비록 소수일지라도 그들에게 진정한 신앙과 믿음에 대한 본질을 심어 주는 것이 되어야 한다.

둘째, 168분의 1의 가능성

'168'이란 하루 24시간에 일주일을 곱한 수다(24시간×7일). 그리고 분자인 숫자 '1'은 아이들이 교회에서 보내는 시간을 말한다.[5] 아이들이 일주일 168시간 중에서 고작 1시간만 교회에서 보내고 있다는 뜻이다. 과연 일주일에 단 1시간만 투자해서 신앙 교육의 효과를 얻을 수 있을까? 1/168이 우리 아이들의 삶에 얼마나 능력 있게 나타날까?

그간 주일학교 현장을 스케치하면 다음과 같다. 아이들이 주일날 예배 자리에 간신히 모인다. 상당수는 지각하고, 예배가 끝난 다음에 분반공부를 하려고 하면 모두 고개를 숙이고 있거나 빨리 끝내 달라고 아우성이다. 분반공부 시간에 영적인 영향을 받은 아이는 매우 드물 것이다. 그렇게 아이들은 길어 봤자 1시간을 채 못 채우고 다시 집으로 간다.

물론 믿음이 좋은 소수를 제외한 나머지 아이들을 위한 특별한 신앙 활동이 거의 존재하지 않았다. 성경학교나 수련회가 유일한 집중 신앙 훈련이었다. 하지만 세월이 지나면서 그마저도 믿음의 본질이 많이 퇴색되고 영적 강화에 힘을 쏟지 못했다.

피아노 레슨을 받아 실력을 키우려면 주중에 적어도 3회는 강습소에 가야하고, 태권도를 배우려면 주 3회 이상은 도장에 나가야 실력이 는다. 세상에 있는 어떠한 학원도 주 1회, 1시간 교육으로 마치지 않는다. 하지만 교회는 주 1회 1시간 교육이 전부였다. 그것도 단지 출석만 하면 그만이었다.

이런 상황 속에서 우리 아이들은 교회에서 제대로 배운 것이 없었다. 심지어 모태 신앙으로 주일학교의 모든 과정을 통과하고 성인이 된 성도라 할지라도 관습적으로 남아 있는 신앙의 모습 말고는 특별한 신앙의 색깔을 갖기 어려운 구조였다.

과연 이미 교회에서 영유아기, 유년기, 청소년기를 다 보내고 청년이 된 지체들 안에 기독교 신앙에 관한 무엇인가가 들어가 있을까? 신앙 연수로는 꽤 길게 교회를 다녔지만, 실제로 교회에서 받은 신앙 교육의 양은 턱없이 적었다.

그런 까닭에 우리 아이들이 대학교에 들어가면 입학과 동시에 강력한 교리로 무장한 이단들의 침략에 쉽게 당해 그들의 밥이 되고 말았다. 20년을 신앙생활 했지만, 그리스도인으로서 정체성조차 느끼지 못했기 때문에 아이들의 고등학교 졸업이 교회 졸업이 된 것이다.

지난 수십 년 동안 한국 교회 주일학교는 아이들에게 성경을 제대로 가르치지 못했다. 이 점을 반드시 인정해야 한다. 이미 기성세대가 된 교사나 부모에게 기독교 세계관이 없고, 부모의 영향을 받은 주일학교 아이들도 기독교 세계관이 형성되어 있지 않다.

그동안 교회에서 성경을 통해 세상을 보는, 기독교 세계관 교육을 하지 않았기 때문에 우리는 교회만 다닐 뿐 세상과 동일하게 살았다. 그 래서인지 세상이 우리를 '개독교'라고 부른다.

'교회에 열심히 다니고, 헌금 잘하고, 봉사를 많이 하면 믿음이 좋은 것'이라는 공식이 늘 존재했고, 그런 이들이 직분을 받고 시간이 흘러 왔다. 기독교 세계관이 전무한 주일학교 신앙 교육의 결과가 오늘날 우리의 현실이다.

기독교 세계관이 결여되었기에 교회에 머무는 그 짧은 시간에도 하나님께 영광 돌리는 일은 명문대학교에 입학하는 것이요, 좋은 직장을 갖는 것이며, 세상에서 성공하는 것이라고 늘 말해 왔다. 이른바 '고지론'이 한국 교회를 강타해 교회마다 성공 신드롬이 성행했다. 심지어 명문대학교에 입학하면 주일예배 시간에 광고까지 하고, 전문직 시험에 합격하면 교회의 큰 자랑인 양 온 교회가 떠들썩했다.

이러한 교육이 기독교 세계관에 입각한 교육이었는지 생각해 볼 일이다. 그간 교회교육은 세상 교육의 강조점과 큰 차이가 없었다.

기독교 세계관 부재의 결과물 중 하나가 '고3 부서'의 존재다. 대형교회를 중심으로 존재하는 고3 부서는 전 세계 어디에서도 볼 수 없는 특별한 부서다. 물론 과거보다는 고3 부서가 많이 없어졌다. 그 이유는 교회에 출석하는 고3 학생 수가 과거처럼 많지 않기 때문이다.

한국 사회에는 고3 수험생들의 특수성이 있다. 1년간 최대한 공부에 집중해 좋은 대학에 입학해야 한다. 부모가 담임 목사이건 중직자이건 모두 자녀가 명문대학교에 입학하기를 소망한다. 그래서 교회에서는 고3 부서를 신설해 아침 일찍 예배드리게 했고, 종일 공부에 집중할 수 있는 환경을 만들어 주었다. 수험생들에게 "주일예배 드려서 괜찮으니, 이제는 마음껏 학원과 학교에서 공부하라"고 한 것이다.

그간 한국 교회는 성수주일을 목숨과 같이 여겨 왔다. 특히 보수 교단들 중심으로 성수주일은 절대 타협하지 않았다. 한국 교회가 내세운 성수주일이 주일 아침 8시에 서둘러 예배를 드리고 돌아가 온종일 직장생활을 하고 장사하라는 의미는 아니었을 것이다. 하지만 고3에 대해서는 예외를 두었다.

수도권이나 대도시 교회들에서는 고3의 경우 교회 내에서 아무런 봉사도 시키지 않는 것이 관례다. 왜냐하면 수험생이기 때문이다. 수험생에게 공부는 교회보다 중요하다.

주일, 아직 잠도 덜 깬 이른 시간에 1시간 서둘러 예배를 드리고 세상으로 나아가는데 믿음이 들어간다면 그것이 오히려 신기할 노릇이다. 이런 경험을 한 고3들이 대학교에 입학한 후 교회에 남아 있는 것이 기적이다. 그렇다 보니 고3들은 부모의 눈치를 보지 않는 성인이 되면서 쉽게 교회를 떠난다.

그동안 한국 교회 주일학교는 교육 투자 시간이 너무 짧았다. 그리고 그 짧은 교육 속에 기독교 세계관이라는 본질이 빠져 있었다. 이것이 현재 '다른 세대'의 주일학교를 만들어 냈다. 앞으로도 168분의 1이라는 가능성 없는 싸움을 할 것인가? 그럴 수 없다. 반드시 방법을 바꿔야 한다.

셋째, X세대, N세대 부모

미국 퓨리서치센터에 의하면, 1964-1980년에 태어난 세대를 X세대, 1981-1996년에 태어난 세대를 N세대라고 한다.[6]

지금 주일학교 아이들의 부모 세대는 아날로그를 기반으로 시작해 디지털을 섭렵한 이른바 X세대다. 그리고 어린이 부서나 젊은 부모들은 본격적 디지털 세대인 N세대다. X세대, N세대 부모들의 특징은 크게 2가지다.

첫째, 모태 신앙이 대다수다. 죽기 아니면 살기로 교회에 헌신하셨던 부모의 영향으로 자연스럽게 신앙을 갖게 된 신앙의 2세대가 바로 지금 주일학교 아이들의 부모 세대다.

둘째, 지금 주일학교 아이들의 부모 세대가 바로 한국 교회 주일학교 부흥기 때 학생들이었다. 그때는 어디에 가나 아이들이 넘쳐났다. 도심권 교회에서는 오전반, 오후반 등 2부제 예배를 드릴 정도였다. 사탕 하나만 줘도 전도가 되었던 시절이었다. 당시는 웬만한 교회들의 주일학교 인원수가 어른 성도들의 수보다 많았다.

그리고 주일학교 부흥기 때 학생들, 한국 교회의 본격적인 신앙의 2세대가 지금 주일학교 학생을 자녀로 둔 부모가 된 것이다. 이 세대 부모들의 특징은 다음과 같다.

첫째, 자신의 부모들의 세대에 비해 자녀에게 훨씬 다정다감하다. 특히 지금의 X세대와 N세대 부모들은 자신이 부모 세대에게 받았던 좋지 않은 영향을 자녀 세대에게 물려주지 않으려 한다.

둘째, 탈권위적 사고가 강해서 자녀의 자율권과 의사 결정을 매우 존중해 준다.[7]

셋째, 자녀 교육에 상상을 초월할 정도로 관심이 크다. 특히 가정당 자녀가 1-2명 정도이기 때문에 더욱더 신경을 쓴다. 따라서 요즘 교회 영아부나 유치부에서는 간식도 아무 음식이나 함부로 주지 못한다.

넷째, 하지만 자녀 양육에 있어서 가장 크게 스트레스를 받고 있다. 과거 부모들이 볼 때는 이해가 안 될 수 있다. 과거와 비교해 자녀 수는 현저하게 적고 재정적으로는 여유도 많은데, 젊은 세대 부모일수록 양육 스트레스 지수가 높다.

그러면 새로운 부모 세대와 함께하는 요즘의 주일학교는 어떨까?

우선 사역자와 부모들 간에 신앙적인 대화가 잘 진행되지 않는다. 과거 세대 부모들은 "전도사님, 우리 새끼 패 죽여도 되니까, 교회만 잘 나오게 해 주세요"라고 부탁하는 경우가 많았다. 요즘 사역자들은 청소년 자녀를 둔 부모와 신앙 문제로 대화하는 것을 매우 힘들어한다. 그 이유는 말이 통하지 않는 경우가 많기 때문이다.

"집사님, ○○가 교회를 안 왔네요. 무슨 일이 있나요?"

"목사님, 실은 ○○가 시험 기간이라서요, 학원에 가서 공부하고 싶다고 하네요. 아이의 의사도 존중해 줘야 할 것 같아요."

이런 응답을 들은 게 한두 번이 아니다. 역시 X세대 부모는 자녀의 의사 결정을 존중해 준다. 하지만 신기하게도, 평소 학업에 관련된 부분에서는 생각보다 자녀의 의사 결정을 존중해 주지 않는다.

유독 시험 기간과 교회 예배가 겹칠 때 자녀의 의사 결정을 존중한다. 시험 기간에 학원 시간과 예배 시간이 겹칠 경우 중직자의 57.4%가 '학원에 보낼 수 있다'는 충격적인 답변을 했다.[8]

이 부분 때문에 사역자들이 현장에서 너무 힘들다. 학구열이 심한 지역의 경우, 시험 기간이면 주일학교 출석률이 50% 이하로 떨어지기도 한다. 문제는 1년에 시험 기간이 무려 4개월이나 된다는 것이다. 중간고사 2회, 기말고사 2회를 합하면 1년 중 3분의 1을 송두리째 날리고 있다.

여름 수련회 때도 마찬가지 현상이 발생한다. 아이들 설득보다 부모 설득이 훨씬 힘들다. 아예 대놓고 수련회를 보낼 수 없다는 강경형의 부모, 이리저리 핑계를 대면서 수련회에 보내지 않는 잔머리형 부모, 수련회를 보낼 것처럼 하다가 마지막에 보내지 않는 얄미운 형의 부모가 있다. 믿음 있는 학생 중에 정말 수련회에 가서 은혜받고 싶은데 부모의 벽을 넘지 못해 며칠을 운 아이도 있었다.

부모 중에서 교회에서 하는 자녀 신앙 교육에는 아무리 관심이 없어도 누구나 좋아하는 프로그램이 하나 있다. 바로 수능 기도회다. 수능 기도회, 아마 이 프로그램 역시 우리나라 교회에만 존재할 것이다.

수능 기도회에는 웬만한 부모들이 열을 올린다. 평소에 청소년 부서에 큰 관심이 없었어도 이 시간만은 사모한다. 어떤 교회가 수험생 기도회 때 내건 현수막의 내용은 이러하다.

"너희는 가서 공부해. 기도는 엄마가 한다."

수험생들은 공부하는 존재이지, 굳이 열심히 기도할 필요는 없는 존재라는 뜻이다. 심지어 강남 모 교회의 권사인 어떤 어머니는 고3이 되는 자기 딸에게 이렇게 말했다고 한다.

"○○아, 1년만 공부에 집중하자. 주말반 학원 준비해 놨으니까 거기 가서 공부해."

딸이 "엄마, 그럼 고등부 예배는 어떻게 해요?"라고 묻자 엄마가 답했다.

"1년만 쉬면서 열심히 공부한 다음에, 내년부터 다시 교회 가서 예배드리자."

그리고 1년 후 공부를 열심히 한 딸은 유명 명문대학교에 합격했다. 그리고 다시는 교회로 돌아오지 않았다. 고2 마지막 주에 드린 예배가 딸의 인생에 있어서 마지막 예배가 되어 버린 것이다.

왜 이러한 일이 발생하는 것일까? 지금 부모 세대에게 믿음이 없기 때문이다. 정확히 말하면, 교회는 나오고 있지만 그들 안에 기독교 세계관이 전혀 없는 경우가 다수다. 주일학교 시절 교회에 열심히 출석하고 활동에도 적극적으로 참여했지만, 안타깝게도 신앙에 대한 체계적인 교육을 받지 못했기에 기독교 세계관이 전혀 형성되지 못한 것이다. 단지 부모의 강요에 의해서 교회를 다녔고, 어쩌다 보니 나이가 들고 부모가 되어 교회에 머물고 있는 경우가 상당히 많다.

이러한 부모들의 시선에 주일학교는 하나의 종교 학교요, 종교 학원에 불과하다. 마음에 들지 않으면 바꾸면 된다. 더 좋은 데 가면 된다.

한국 교회의 많은 부모에게 주일학교 역시 외부 위탁 시설에 불과한 것이다. 현재 부모들 안에 참된 신앙과 기독교 세계관이 없기에 자녀들 역시 교회만 다니고 있고 세상 사람들과 별반 차이가 없다.

한국 주일학교 침몰에 있어서 믿음이 없는 부모들의 역할이 매우 크다. 물론 지금의 부모들을 믿음 없게 만든 과거 주일학교의 책임은 더 크다고 할 수 있다. 부모들을 돌보지 않는 한 주일학교 실패는 계속될 것이다. 부모들의 변화는 주일학교 변화의 필수 요소다.

넷째, 미키 마우스 주일학교와 문어 주일학교

그간 부흥하고 성장한 주일학교의 특징을 보면 대개 비슷한 공통점이 있다. 첫째, 해당 교회가 급속도로 부흥하거나 성장해서 크게 입소문이 난 것이다.

둘째, 교회 안에 유명한 주일학교 전문 사역자가 있다. 그 사역자가 설교하면 어른이건 아이건 모두가 열광하는 주일학교계의 아이돌 같은 이가 있다.

셋째, 교회가 주일학교에 전폭적인 지원을 한다. 그 규모는 감히 다른 교회에서는 상상하지 못할 정도로 파격적이다.

이런 여러 가지 요인들로 주일학교가 크게 성장한 교회들은 다음 그림과 같은 구조를 가진다. 스튜어트 커밍스 본드(Stuart Cummings-Bond)는 이와 같은 주일학교, 특히 청소년 사역을 '귀가 하나뿐인 미키 마우스'라고 표현했다.[9]

　그간 한국 교회 주일학교는 각 부서 교역자의 역량에 따라 각개전투를 했다. 그래서 그 부서 교역자가 열심히 사역하고 교사들이 열심을 내면 부흥하고 성장했다. 그리고 각 부서는 실제적으로는 독립되어 있었고, 보이지 않는 경쟁 구도였다.

　그림에서는 귀가 하나지만, 실제 교회 안에서는 귀 옆에 또 다른 귀가 하나 덧붙여지고, 또다시 귀가 덧붙여지는 그림이다. 부서가 부흥하면 그에 비례에 귀의 크기도 커진다.

　한 부서의 성장과 부흥이 나쁘거나 틀렸다는 말이 아니다. 문제는 각각 다른 크기의 귀로 존재하다 보니까 교회의 모습이 기형이 되었다는 점이다. 그림만 봐도 얼마나 불균형적인가. 교회는 모든 부서가 하나로 통일되는 그리스도의 몸을 이루어야 하는데, 미키 마우스 주일학교에서는 불가능하다.

　각 부서가 미키 마우스 귀와 같은 형태를 유지하다 보면, 결국 최종적인 교회의 모습은 뇌가 없는 문어처럼 된다고 티모시 폴 존스(Timothy Paul Jones)는 말한다.[10]

 각 부서가 알아서 열심히 사역하고 각개전투를 벌일 때 형성되는 주일학교의 그림이 '문어형 주일학교'다. 문어형 주일학교의 가장 큰 약점은 부서 간 빈틈이 너무나 많다는 것이다.

 각 부서가 열심히 일하고 나름의 열매도 맺지만 주일학교 아이들이 한 부서에서 다른 부서로 진급할 때 틈이 생긴다. 실제로 주일학교 아이들이 가장 많은 이탈률을 보이는 시기는 초등학교 6학년에서 중학교 1학년으로 올라갈 때이며, 그다음은 고3에서 청년부로 올라갈 때다.

 한 부서에서 열심히 사역하고 많은 투자를 했는데 겨우 2-3년짜리 교육으로 끝나 버리는 셈이다. 교육의 효과가 지속되고, 그 지속성으로 말미암아 열매를 맺으면 좋은데, 열매를 맺기 어려운 구조다.

 이러한 문어식 주일학교의 경우, 통일된 커리큘럼이 존재하지 않거나, 있어도 실행이 제대로 이루어지지 않기 때문에 신앙 교육에 통일성이 전혀 없다. 초등부에서 배운 내용을 또 중등부에서 배우고, 중등부에서 배운 내용을 고등부에서 또 배울 수 있다.

물론 반복 학습이 나쁘다는 의미는 아니다. 하지만 주일학교 시절에 배워야 하는 내용이 상당히 방대한데, 교육의 통일성이 결여되어 종합적인 교회교육이 불가능하게 된다.

다섯째, 동물원 우리에 갇혀 있는 사자와 같은 우리 아이들

최근 신문에서 대구 모 동물원의 사자가 수개월 동안 방치되어서 앙상해졌다는 내용의 기사를 읽었다. 밀림의 사자는 아주 멋진 정글의 왕자인데, 동물원의 사자는 굶어서 말라 가고 있다니 안타까웠다.

혹시 이 모습이 우리 주일학교 아이들의 모습이 아닌가 생각해 본다. 아이들은 벌써 오래전에 뼈만 앙상하게 남은 사자가 되었는데 교회에서는 그간 그 아이들을 방치한 것은 아닌지 모르겠다. 조금만 더 시간이 지나면 아사할 수도 있는데, 여전히 주일학교는 사자들의 숫자만 세고 있는 것은 아닌지.

주일학교 아이들이 밀림의 사자는커녕 뼈만 남은 동물원의 사자가 되었다. 교회에서 누구도 이 상황을 심각하게 보지 않는다는 것이 안타깝지만 오늘날 교회의 현실이다. 이미 사자의 정체성을 잃어버린 지 오래요, 아예 종족이 멸종될 수 있는 지경인데도 교회는, 특히 교회의 리더십 그룹은 손을 놓고 있다.

1980년대 초반 필자의 아버지는 제주도에서 목회를 하셨다. 바닷가에 있는, 성도가 10명 정도 출석하는 아주 작은 교회였다. 초등학교 시절 기억 속에 남아 있는 장면이 하나 있다.

우리 교회에 중고등부 형과 누나가 10명 정도 되었는데, 대부분의 부모님이 교회를 다니지 않았다. 그런데 모두 아침에 등교할 때 교회에 들러 기도하고 학교에 갔다. 하교한 후에도 교회에 들러 기도하고 집으로 갔다. 철저히 교회 중심의 신앙생활을 했었다.

그때 주일학교는 재정도, 시설도, 전문 사역자도 없었지만, 야성이 있었다. 그것이 주일학교의 가장 큰 힘이었다. 부모에게 두들겨 맞고도 교회에 왔고, 여학생들은 아버지가 가위로 머리카락을 잘라도 교회에 왔다. 그런데 어느 순간, 주일학교가 동물원이 되어 버렸다. 야성이 전혀 없이, 던져 주는 고기나 받아먹는 맹수의 모임이 되어 버렸다.

앞서 언급한 동물원의 사자들에게 더 심각한 문제가 있다. 그 사나웠던 맹수들이 어느 순간부터 사육사가 주는 고기도 잘 먹지 않게 되었다는 것이다. 아무리 비싸고 좋은 고기를 줘도 고기에 관심이 별로 없다. 그래서 맹수들은 비쩍 말라 버렸고, 어린이들이 맹수들에게 고함을 질러도 아무런 대응조차 못 하게 되었다.

앞으로 맹수들이 동물원 안에서 얼마나 버틸지 모르겠다. 맹수들이 다 죽으면 동물원은 문을 닫게 될 것이다. 이렇게 문 닫는 동물원이 한국 교회 주일학교의 모습일 수 있다고 생각하니 안타깝다.

필자는 다른 교회에서 수련회 강사로 와 달라는 요청을 받으면 늘 마음이 힘들었다. 많은 연락을 받았지만 늘 가기가 싫었다. 재미가 하나도 없기 때문이다. 그 이유는 이렇다.

우선, 아이들이 말씀을 들을 준비가 전혀 되어 있지 않다. 수련회에 단지 놀러 왔거나, 어쩔 수 없이 왔기 때문이다. 특히 기도회 시간에 기도를 전혀 못 하는 아이들이 태반이다. 지금 한국 교회 주일학교 수련회는 요식 행위로 많이 전락했다. 그간 해왔던 프로그램이라 하지 않을 수 없고, 여름에는 수련회가 가장 중요한 행사이기에 해야만 하는 것이다. 하지만 아이들에게는 영적 야성이 전혀 보이지 않는다.

수련회가 이 정도인데, 평소 주일예배는 어떨까? 영적 야성이 느껴질까? 기대하기 어렵다. 우리 아이들은 오래전부터 동물원에서 살고 있었기 때문에 이미 야윈 상태의 맹수가 되어 버렸다.

누가 우리 주일학교 아이들을 이렇게 만들었는가? 한국 교회다. 밀림에서 야성을 가지고 뛰어놀아야 할 우리 아이들을 동물원 안 조용한 맹수로 만든 것은 교회다. 그러니 교회들은 지금부터라도 죽어 가는 맹수들을 살리는 데 모든 노력을 다해야 한다.

그러면 과연 어떻게 해야 이 맹수들을 살리고 다시 야성을 심어 줄 수 있을까? 이를 위해서 먼저 우리 자녀들의 영적 기본기부터 점검해야 한다.

CHANGE

— 3장

Check up 2

바꾸기 전,
주일학교 기본기부터 체크하라!

변화에 앞서 가장 먼저 확인할 사항, 기본기

2002년 월드컵이 열리던 해 미국 유학을 떠났다. 미국에 도착하자마자 가장 먼저 한 일은 영어 회화 공부였다. 영어 말하기에 자신이 없었기 때문이다. 학부에서 영문학을 전공한 미국인 친구에게 영어를 가르쳐 달라고 졸랐고, 그렇게 영어 회화 공부를 시작했다.

그때 필자가 가장 먼저 배운 것은 A, B, C… 영어 알파벳이었다. 이미 중학교 때 알파벳을 다 익힌 데다 영어 시험에서 고득점을 맞고 대학에 입학했고, 심지어 토플까지 공부하고 미국에 온 필자에게 알파벳 공부라니? 너무나 자존심이 상했다.

그런데 영어 알파벳을 배우면서 알게 된 사실이 있다. 그동안 잘못 배운 내용이 곳곳에 있었고, 게다가 발음은 엉망이었다. 그러니까 영어 회화가 제대로 될 리 없었다. 다시 알파벳부터 시작해 차근차근 영어를 배워 나갔던 기억이 눈에 선하다. 기본기는 이처럼 중요하다.

왜 우리 주일학교가 제대로 운영되지 않았을까? 왜 우리 자녀들에게 신앙의 세대 전수가 이루어지지 않았을까? 바로 기본기가 안 되어 있기 때문이다.

신앙의 기본기 체크! 별로 어렵지 않다. 주일학교는 딱 두 가지 기본기만 확인해 보면 신앙의 세대 전수가 잘되고 있는지 확인이 가능하고, 주일학교에 희망이 있는지도 알 수 있다. 가장 중요한 기본기 두 가지를 꼽으면, 예배와 양육이다.

아이들이 예배드리는 태도를 체크하라

어느 교회 주일학교가 잘 운영되고 있는지 확인하는 방법은 아주 간단하다. 주일학교 예배 때 아이들이 예배드리는 태도만 보면 알 수 있다. 문화랑 교수의 말처럼, "예배는 교회의 심장 박동과 같다. 예배는 신앙생활의 근간을 형성하고 영적 활력을 공급하는 원천이다."[1]

코로나19로 전국이 비대면으로 예배를 드릴 때 SNS에 업로드된 영상 하나를 보고 충격을 받았다. 광주광역시에 위치한 새로운예마본교회 유치부 아이들의 예배 영상이었다. 가정에서 부모와 함께 주일예배를 드리는데, 아이들이 매우 열정적으로 예배를 드리고 있었다. 아주 특별해 보였다. 이 교회 주일학교는 볼 필요도 없이 100점짜리 주일학교다. 비록 어린아이들이지만 예배를 제대로 드릴 줄 알기 때문이다.

잘되는 주일학교와 잘되지 않는 주일학교의 차이는 어디에 있을까? 가장 기본적인 질문인데, 정답도 단순하다. 예배다. 우리 아이들은 하나님께 영과 진리로 예배를 드릴 줄 알아야 한다. 교회는 아이들이 교회에 출석만 하게 하는 데 그치지 말고, 참된 예배자가 되게 해야 한다.

그간 한국 교회는 어른 성도들이 드리는 예배는 상당히 중요시하고 주일학교 예배는 소홀히 여기는 경향이 있었다. 이것은 매우 위험한 발상이다. 모든 예배는 동일하게 중요하다. 어른 성도들에게 주일예배가 생명이라면, 주일학교 예배는 아이들에게 생명이고 목숨이다.

한번은 어떤 젊은 가정이 모 교회에 등록했는데, 등록 과정이 이러했다. 이 가정은 우리 교회가 위치한 지역으로 이사를 왔고, 여러 교회를 두루 다녀 본 후 최종 등록 교회를 다음과 같은 방법으로 정하기로 했다. 교회마다 가서 두 자녀는 주일학교 예배를 드리고 부모는 주일예배를 드린 뒤, 다녀 본 교회들을 놓고 투표해서 1등으로 뽑힌 교회에 가기로 한 것이다.

그런데 아이들이 처음 방문한 교회가 정말 마음에 들었는지 한 번 예배를 드린 후 부모에게 "아빠, 엄마, 우리는 무조건 이 교회에 갈 거예요. 다른 교회는 안 갈래요"라고 말했다. 주일학교 예배가 너무 좋아서 아이들이 예배에 푹 빠진 것이다. 곧 그 가정은 그 교회에 등록했다.

이 이야기는 주일학교 예배의 중요성을 설명하는 단적인 예다. 어른 성도들만 은혜받기를 원하는 것이 아니다. 아이들도 마찬가지로 은혜를 사모한다. 우리 아이들이 비록 교회에 끌려왔을지라도, 영적인 돌봄을 받고 싶어 한다. 아이들은 특별한 예배, 매력적인 예배를 원하지, 매번 똑같은 지루한 예배를 원하지 않는다.

그러므로 가장 먼저, 우리 교회 주일학교 예배를 바르게 진단할 필요가 있다. 과연 우리 교회 주일학교 예배는 아이들에게 얼마나 매력적일까?

우리 교회 주일학교 예배 진단 평가

다음 4가지 질문으로 우리 교회 주일학교의 예배를 충분히 진단할 수 있다.

첫째, 학생들에게 예배를 사모하는 마음이 있는가?

아이들이 예배를 사모한다는 말은 예배가 기다려진다는 뜻이다. 코로나19로 비대면 예배를 계속 드리다가 대면 예배로 바뀌었을 때 얼마나 많은 성도가 교회 본당에 앉아 눈물로 예배를 드렸는가. 좋은 예배에는 언제나 그 예배를 사모하는 마음이 있다.

대면이냐, 비대면이냐가 중요한 것이 아니다. 진짜 중요하게 점검해야 할 부분은 다음과 같다.

'우리 주일학교 아이들에게 예배를 사모하는 마음이 있는가? 토요일이면 내일 교회에 가고 싶어서 안달 나는 아이들이 있는가? 토요일이면 먼저 교사에게 전화하거나 문자를 보내는 아이들이 있는가? 예배를 제대로 못 드리는 것이 속상해서 눈물 흘리는 아이들이 교회에 있는가? 인생에서 예배를 가장 소중히 여기는 아이들이 얼마나 있는가?'

그런데 우리 주일학교 상황은 오히려 거꾸로 아닌가? 아이들은 교회에 가기 싫은데 주일학교 선생님에게 문자가 오고, 전화가 오고, 심지어 집까지 찾아와서 어쩔 수 없이 예배를 드리고 교회에 출석하고 있는 것은 아닌가.

둘째, 지각은 안 하는가?

예배 시간에 지각하는 일은 어쩌다 한 번 일어나지 않는다. 지각도 하는 사람이 한다. 아이들도 마찬가지로 지각하는 아이들만 반복적으로 지각한다. 지각은 습관이다. 영적인 병이다.

지각이 방치되는 주일학교가 잘 되는 경우가 없다. 사모하는 마음으로 일찍 교회에 와서 예배를 준비하는 아이와 예배 시간에 간신히 맞추어 오거나 늦는 아이 간에는 말로 표현할 수 없을 정도의 큰 차이가 존재한다.

청암교회 80대 권사님들 중 매일 유튜브로 새벽예배를 드리시는 분들이 있다. 그 권사님들은 유튜브 방송을 시작하는 순간, 바로 접속하신다. 예배를 사모하기 때문에 지각이란 존재할 수 없는 것이다. 우리 자녀들이 어릴 때부터 반드시 일찍 교회에 가서 예배를 준비한 후 사모하는 마음으로 드릴 수 있게끔 교육해야 한다.

셋째, 예배 시간에 다른 행동을 하지는 않는가?

예배 시간에는 분위기 싸움이 치열하다. 누군가가 휴대폰을 보거나 다른 행동을 하면 금세 다른 아이들도 따라 하고 싶어진다. 하지만 전체적으로 예배에 매우 몰입하는 분위기라면 감히 그런 일탈 행위를 할 배짱이 아이들에게서 사라진다.

청소년 사역을 할 때 수백 명의 아이 중에 예배 시간에 다른 행동을 하는 아이가 거의 없었다. 이유가 무엇일까? 분위기 때문이었다. 감히 다른 행동을 할 수가 없었다. 예배 시작 전에 휴대폰을 모두 제출해 예배를 방해하는 요소를 없앴다. 또한, 교사들이 함께 예배드리면서 좋은 분위기가 조성되도록 일조했다.

넷째, 아이들이 기도로 예배를 준비하는가?

많은 사역자와 교사가 주일학교 아이들이 로봇 같다고 말한다. 시키는 일만 수행하고 나머지는 무반응 상태라는 의미다. 우리 아이들은 영적으로 죽어 있기 때문에 로봇이 된 것이다. 기독교교육학자들은 유치부 이상 아이들은 자신이 드리는 예배를 위해서 기도해야 한다고 주장한다. 좋은 예배는 결국 강력한 기도를 통해 만들어지기 때문이다. 과연 우리 주일학교 아이들은 자신이 드리는 예배를 위해서 기도하고 있는가?

청소년 사역을 할 때 필자가 섬겼던 교회가 매주 전국 교회에서 탐방을 올 정도로 유명했던 이유는 단 한 가지였다. 바로 주일예배 때문이었다. 아이들이 드리는 예배 광경을 보기 위해서 전국 팔도에서 몰려왔다. 탐방을 오신 분들이 아이들이 예배드리는 모습을 보고 많이 놀라고 도전을 받으셨다.

여기에는 다음과 같은 이유가 있었다. 첫째, 아이들이 아주 많았다. 둘째, 아이들 모두가 자리에서 일어나 뜨겁게 찬양하는 분위기였다. 셋째, 휴대폰을 보거나 예배에 집중하지 않는 아이들이 없었다. 마치 연합 수련회 광경을 보는 듯했다고 말하는 분이 많았다.

필자에게 청소년 사역의 가장 큰 힘은 예배였다. 매주 뜨겁고 열정적이며 감동 있는 예배 말이다. 청소년들 중 하나님을 뜨겁게 예배하는 예배자가 그렇게 많았다.

주일학교 예배 기본기 리모델링

그렇다면 주일학교 예배를 잘 드리기 위해 무엇이 필요할까? 두 가지 포인트에만 집중하면 된다. 하나는 예배 가운데 영적 분위기가 흐르게 하는 것이고, 다른 하나는 아이들의 눈높이에 맞는 예배를 세팅하는 것이다. 조금 더 풀어서 설명하면 다음과 같다.

첫째, 주일학교 예배는 반드시 영성에 초점을 맞춰야 한다

예배란 하나님과 그분의 자녀들이 영적으로 소통하는 시간이다. 그래서 반드시 영적이어야 한다. 이것은 유치부, 유년부 예배도 마찬가지다. 어린아이들이 하나님과의 영적 소통을 직접 체험해야만 한다.

영적인 예배는 그냥 만들어지지 않는다. 예배의 영적 힘은 기도의 힘과 비례하는 법이다. 예배는 영적인 시간이기 때문에 기도를 통해 만들어 가야 한다.

청소년 사역 당시 한 번의 예배를 위해 무려 4번씩 기도회를 가졌다. 토요일 저녁 기도회, 주일 이른 아침 기도회, 예배 전 기도회, 예배 후 기도회다. 물론 사역자인 필자가 모든 기도회를 인도하지는 않았다. 아이들끼리 자발적으로 진행되는 기도 모임도 많았다.

영적으로 뜨거운 예배를 드리는 교회와 그렇지 않은 교회, 둘 사이에는 차이가 존재한다. 일차적 차이는 사역자의 역량이다. 사역자가 열정적이고 뜨거운 교회는 보통 교사들도 열심히 하고, 아이들의 신앙도 뜨겁다. 그리고 교사들이 뜨겁게 기도하는 교회는 반드시 학생들도 뜨겁게 기도한다. 학생들이 교사의 모습을 보고 자랐기 때문이다.

우리 교회 주일학교 예배를 점검하기에 앞서 사역자가 먼저 확인할 사항이 있다.

첫째로, '나는 얼마나 기도하는 사람인가?'를 점검해야 한다. 필자는 과거 부교역자 시절, 기도의 우선순위를 빼앗기지 않기 위해 장거리 외부 사역을 다녀와 피곤하더라도 새벽예배에 결석하지 않았다. 무슨 일이 있어도 필자가 설교하는 주일 새벽 기도회 자리를 지켰다. 사역자가 기도하지 않으면 예배에서 영성을 기대하기란 어렵기 때문이다.

둘째로, '우리 주일학교 교사들은 부서를 위해서 얼마나 기도하는가?'를 점검해야 한다. 만약 누군가 필자에게 "100명의 청소년부 아이들이 있습니다. 그리고 기도하지 않는 교사 30명, 기도하는 교사 3명 중 한쪽을 선택해야 한다면 어느 쪽을 선택하겠습니까?"라고 묻는다면, 무조건 기도하는 3명의 교사가 있는 쪽을 선택할 것이다. 주일학교는 사람 숫자로 운영되지 않는다. 영적으로 깨어 있는 교사만 있다면 문제없다.

셋째로, '우리 주일학교 아이들은 부서 예배를 위해서 얼마나 기도하는가?'를 점검해야 한다. 만약 아이들이 열심히 기도하지 않는다면 일차적으로 사역자에게 책임이 있으며, 이차적으로는 교사들에게 책임이 있다. 기도하는 모습을 보여 주지 않은 결과이고, 아이들과 함께 기도하지 않았다는 증거다.

주일학교 예배 시간에 가장 많이 할애되는 찬양과 설교는 모두 기도를 통해서 준비되고 이루어져야 한다. 각 교회 주일학교 찬양팀이 절대 기술이나 능력 중심으로 가면 안 된다. 연습 시간이 2시간이면 1시간은 기도하는 시간을 가져야 한다. 그래야 살아 있는 찬양이 된다.

설교는 더 말할 필요도 없다. 기도를 통해 말씀이 준비되면 주일학교 아이들을 대상으로 하는 설교도 결코 가볍게 전달되지 않는다. 10분간만 말씀이 선포되어도 영적인 무게감이 충분히 느껴지게 될 것이다. 만약 주일학교를 위한 기도 훈련이 필요하다면 『교사 기도 베이직』을 참고하길 바란다.

아이들이 자신들의 수준에 맞는 예배를 통해서 주님께 가까이 갈 수 있어야 한다. 또한, 예배에 함께하는 교사들도 은혜의 보좌로 들어갈 수 있어야 한다. 우리 주일학교 부서 예배가 영적이라는 증거 중 하나는 교사들이 그 예배를 특별히 사모한다는 것이다. 주일학교 예배가 영적이면, 아이들뿐 아니라 교사들도 예배에서 은혜를 받는다. 그때 교사들도, 아이들도 모두 온전한 예배자가 된다.

둘째, 주일학교 예배는 아이들의 눈높이에 맞는 예배여야 한다

간혹 막무가내형 사역자들을 본다. 그들은 하나님이 역사하시면 누구나 은혜를 받을 수 있다고 주장한다. 그 말은 옳으면서도 틀리다.

하나님은 사람을 창조하실 때 발달 단계를 만드셔서 그 단계에 맞게 이해하고 받아들이고 행동하도록 하셨다. 아이들이 연령별로 좋아하는 유튜브 프로그램이 다르고 휴대폰 게임이 다른 이유가 여기에 있다. 그렇다면 주일학교 예배 역시 반드시 아이들의 연령에 맞게끔 세팅해야 한다.

또한, 주일학교 예배답기 위해서는 역동성이 필요하다. 이를 위해 주일학교 예배는 힘과 속도가 중요하다. 주일학교 설교 메시지는 어른 성도들을 대상으로 하는 설교보다 훨씬 강한 어조여야 한다. 아이들 눈에 강력함이 보여야 하기 때문이다.

아이들이 부르는 찬양은 어른들이 주로 부르는 찬송보다 속도가 빠른 곡이 좋다. 아이들의 이해력과 반응 속도가 어른들보다 훨씬 빠르기에 그 속도를 따라가야 한다. 예배의 흐름이 자꾸 끊기는 순서가 있어서는 안 된다. 물 흐르듯 한 자연스러운 예배 진행이 필요하다.

예배 안에 '재미'라는 요소를 가미하면 좋다. 그 이유는 첫째, 주일학교 아이들의 예배 집중도가 너무나 떨어지기 때문이다. 둘째, 아이들에게 맞는 소통 키워드가 있어야만 아이들이 마음의 문을 열기 때문이다. 사람들은 자신과 관련된 이야기를 할 때 집중하고 관심을 갖는 경향이 있다. 주일학교 예배는 아이들의 눈높이에 맞추어야 한다. 찬양, 말씀 등 모든 요소가 포함된다.

아이들은 사역자가 자신의 눈높이를 알고 소통하고 있다고 확신하는 순간부터 그 예배를 자기 예배로 여기고 몰입한다. 그래서 주일학교 아이들을 대상으로 한 설교에는 반드시 아이들과 공감대를 형성할 수 있는 이야기나 요소가 있어야 한다.

그러면 비록 아직 어린아이들이라 할지라도 예배가 끝나고 "은혜받았어요"라는 과감한 고백을 한다. 우리나라에서 아무도 건드릴 수 없다는 사춘기 중학교 1학년 학생에게 이러한 문자도 받아 봤다.

"목사님, 오늘 말씀 정말 주옥같았어요. 말씀에 정말 큰 감동을 받았어요. 앞으로도 이런 설교 기대할게요."

주일학교의 가장 큰 본질은 예배다. 주일날 우리 주일학교 아이들이 영과 진리로 예배드릴 수만 있다면 본질, 즉 기본기는 거의 다 회복했다고 볼 수 있다. 예배가 대면이든, 비대면이든 우리 주일학교 아이들이 온전한 예배자라면 우리는 걱정할 것이 하나도 없다. 코로나19가 10년 이상 지속되더라도 우리 아이들이 제대로 예배를 드릴 수 있다면 우리 교회 주일학교는 아무런 근심, 걱정이 없다.

우리가 가장 집중해야 할 것은 우리 아이들이 예배자의 모습을 갖게 하는 것이다. 그래서 주일학교 회복의 첫 관문은 '예배의 회복'이다. 우리 자녀들이 어릴 때부터 예배자가 되면 교회는 희망이 있고 미래가 있다.

주일학교 양육 시스템을 체크하라

미국에 유학 가자마자 영어권 청소년 사역을 시작했다. 이미 청소년 사역을 하고 있었기 때문에 큰 부담은 없었다. 하지만 언어와 문화가 다른 2세들과 함께 사역하기란 여간 힘든 일이 아니었다. 급기야 진행하는 프로그램마다 다 실패했다. 어떻게 사역해야 할지 방향을 종잡을 수 없다. 하루는 조용히 기도하는 중에 이런 마음이 들었.

"기본으로 돌아가라."

신앙의 기본이 무엇인가 고민했더니, 기도와 말씀이었다. 그런데 마음속에 '이게 과연 아이들에게 통할까?'라는 생각이 들었다. 아무튼 하나님의 응답이었기 때문에 주일날 교회에 가서 아이들을 모아 놓고 앞으로 해야 할 기도와 말씀 훈련에 관해서 설명했다.

기도와 말씀 훈련이 특별한 것은 아니었다. '매일 성경 3장씩 읽기', '하루에 10분 이상 기도하기', '매일 큐티하기'였다. 그리고 한 달이 흘렀다. '과연 학생들이 얼마나 따라왔을까?' 하고 확인했더니 90% 이상의 아이들이 잘 따라오고 있었다. 정말 신기하고 놀라웠다.

그 뒤로 우리 부서에 큰 변화가 일어났다. 예전에는 예배가 진행이 어려웠는데, 어느 순간부터 아이들이 예배에 몰입하기 시작했다. 예전에는 아이들이 부서 담당 목사가 영어를 못 한다며 구박했었는데, 그 어설픈 영어 설교에 은혜를 받고 있었다. 그다음부터는 무슨 프로그램을 해도 진행이 잘되었고 부서가 꾸준히 성장하는 열매를 체험했다.

가장 감사한 것은 아이들의 졸업 예배였다. 어른 성도들과 함께 주일 예배를 드리는데, 졸업하는 학생의 간증 순서가 있었다. 당시 졸업 간증 때 아이들이 반드시 하는 공통 멘트가 있었다.

"저는 신앙도, 믿음도 없는데 청소년부에서 매일 기도 훈련, 말씀 훈련을 받고 영적으로 자라게 되었습니다."

이 멘트가 울려 퍼질 때마다 많은 성도가 눈시울을 붉혔다. 철부지 꼬맹이가 자라서 정장을 차려입고 믿음을 간증하니 감동이 되지 않을 수가 없었다.

교회마다 늘 교사 수급 문제를 고민할 것이다. 이민 교회 사역을 할 때도 교사를 섭외하기가 너무나 힘들었다. 특히 영어권 주일학교는 영어로 분반공부를 진행해야 하기에 더더욱 교사로 섬기기를 꺼리는 분위기였다. 수년간 교사를 보내 달라고 하나님께 간절히 기도드렸다. 그런데 응답이 없어서 아내와 둘이 한 부서를 맡아서 이끌어 갔다.

그런데 몇 년 후 놀랍게도 기도 응답의 열매를 보았다. 청소년부를 졸업한 아이들이 교사로 자원한 것이다. 벌써 양육 과정을 통해서 성경을 7독 했고, 매일 말씀 묵상을 하고 기도하면서 세상에서 영적으로 이기며 사는 법을 배우고 있었기에 교사 자격은 충분했다.

아이들을 양육시키면서 가장 큰 보람은 따로 있었다. 보통 이민 교회의 고등학생들은 학교를 졸업하면 3분의 2 이상이 교회를 떠나는데, 우리 교회는 졸업 후 교회를 떠나는 학생이 1명도 없었다. 그때 확신했다. 어렸을 때부터 기도와 말씀으로 철저히 양육되면 교회를 떠나지 않는다는 것을 말이다.

"마땅히 행할 길을 아이에게 가르치라
그리하면 늙어도 그것을 떠나지 아니하리라"(잠 22:6).

왜 우리 아이들이 고등학교 졸업 후 그렇게나 많이 교회를 떠나는가? 믿음이 없어서다. 왜 대학교에 입학한 후 쉽게 이단에 빠지는가? 믿음이 형성되지 않아서다. 우리 교회 주일학교가 해야 할 일은 아이들의 믿음을 성장시키는 것이다. 이것이 가장 중요한 일이다.

하지만 지금처럼 일주일에 1시간 예배로 승부하려고 하면 역부족이다. 일주일 168시간 중 일정 부분에 영적인 활동을 반드시 포함시켜야 한다. 따라서 아이들의 제자훈련, 영적 양육은 꼭 필요하다.

부교역자로 있을 때 아이들을 양육했다. 처음에 50명으로 시작했는데, 나중에는 주말을 이용해 양육받는 학생만 150명 정도가 되었다. 한 개 부서 안에서 150명의 학생을 양육한다는 것은 어떻게 보면 군부대 안에 특수 부대를 만드는 것과 동일하다.

중학생들이 매일 기도와 말씀 훈련을 받으면 중등부 예배가 뜨거워지고, 초등부 아이들에게 매일 기도와 말씀 훈련이 이루어지면 초등부 예배는 열광적인 분위기가 된다.

필자가 섬긴 부서는 양육을 받지 않으면 봉사도 못 하게 했다. 모든 사역의 기본 전제는 양육이었다. '선 양육 후 사역!' 그래서 먼저 아이들을 기도와 말씀으로 단단히 무장시켰다. 그러자 아이들은 학교에 가면 0교시 때 가장 먼저 큐티를 하기 시작했다. 그렇다 보니 자연스럽게 학교 안에서 큐티 모임이 결성되곤 했다.

상당히 많은 아이가 영적으로 무장되어 있으니 웬만한 상황에는 부서가 흔들리지 않았다. 늘 든든했다. 기도의 자리, 말씀의 자리만 만들어 주면 영적으로 무장된 아이들이 앞장을 서줬기 때문이다.

가장 놀라운 것은 수련회 때 보통 저녁 집회를 6시간씩 했는데 1명도 미동이 없었다는 사실이다. 무엇보다 집회 시작 전 밖에서 100명이 넘는 아이들이 통성으로 기도하는 모습은 장관이었다.

　이렇게 청소년기에 영적으로 양육을 시키니까 교회 청년부가 튼튼해졌다. 아이들에게 믿음이 이미 확실히 들어갔기 때문에 청년부에 올라가서도 전혀 요동함이 없었다. 가장 감사한 일은 교사 자원자가 매년 생겨나는 것이었다.

　중고등부 6년간 꾸준히 양육을 받은 아이들은 보통 성경을 5-6독 이상 했고, 암송한 구절만 해도 200구절은 되었다. 읽은 신앙 도서만 해도 20권이 넘었다. 가장 큰 장점은 신앙관이 확실히 정립되었다는 것이다. 기독교 세계관이 형성되어 웬만한 세상의 유혹이나 시험은 거뜬하게 이겨 냈다.

　이러한 아이들이 졸업 후 교사로 헌신했다. 당연히 교사 역할을 잘 수행해 냈다. 왜냐하면 그간 영적으로 잘 다져졌기 때문이다. 그리고 믿음의 선배인 교사들의 훌륭한 모습을 직접 봐왔기 때문이다.

　교사로 지원한 아이들이 어느 정도로 헌신했는지 말하자면, 매주 주일이면 서울에서, 대전에서, 대구에서, 광주에서 군산에 있는 교회로 모였다. 교사로 섬기기 위해서 말이다. 이런 까닭에 그들을 '영적 군병'이라고 부르지 않을 수가 없다.

　그간 우리 주일학교는 너무나 주일예배 중심으로, 그리고 성경학교와 수련회 중심으로 운영되었다. 주일학교에 가장 필요한 것은 168시간의 활용이다. 집과 학교에서 믿는 사람으로 살아가려면 주중에 영적 양육이 반드시 필요하다.

코로나19 기간에 청암교회는 줌(ZOOM)을 통해서 양육을 쉬지 않았다. 들어감(input)이 있으면 나옴(output)이 반드시 있기 마련이다. 아이들에게 말씀을 먹이는 일을 멈춰서는 안 된다.

지금 우리 교회 주일학교 아이들은 사파리를 누비는 맹수인가, 아니면 동물원에 힘없이 누워 있는 맹수인가? 우리 아이들은 어떤 상황에 처해 있어도 언제나 맹수의 야성을 가지고 살아가야 한다.

만약에 그렇지 못하다면, 그 원인은 우리 주일학교에 양육이 없었던 까닭이다. 168시간에 대한 투자가 제대로 이루어지지 않았기 때문이다. 양육 없이 주일예배 1회만으로는, 심지어 영상 예배만으로는 절대로 역사가 일어날 수 없다. 주일학교를 살리려면 지금부터라도 강력한 영적 양육을 시작해야 한다.

〈주일학교 양육 관련 자료〉
『아이들이 교회로 몰려온다』(임만호, 생명의말씀사)
청소년 사역 뱅크 홈페이지: www.bym.or.kr

CHANGE

— 4장

Change 1

바꿔라!
부모를 가장 먼저

아이들 신앙 교육의 주체, 부모 신앙 세우기

코로나19로 대부분 교회의 주일학교 교육이 제대로 진행되지 않았다. 많은 사역자와 교사는 자포자기하는 심정이었다. 이때 급속으로 나온 대안이 부모였다. 많은 교회가 가정에서 부모를 중심으로 자녀들을 영적으로 훈련시키는 프로그램을 도입했다. 가정예배 세미나부터 시작해서 3040 젊은 부모들에게 영적으로 주도적인 역할을 심어 주기 위해 노력했다.

하지만 처참히 실패했다. 이유는 부모가 먼저 영적으로 서 있지 않았기 때문이다. 3040 부모들의 신앙 기초 자체가 견고하지 못했고, 그들의 삶이 분주했기에 자녀들의 신앙 교육을 맡아서 진행하기에는 역부족이었다.

코로나19 상황에서도 주일학교가 제대로 가동된 교회와 그렇지 않은 교회의 차이는 부모의 차이에 달려 있었다. 부모가 영적으로 든든히 서 있는 교회는 코로나19로 인한 상황을 대수롭지 않게 여겼다. 부모가 영적으로 깨어 있는 가정의 자녀들은 비록 교회에 오지 못해도 신앙에 전혀 어려움이 없었다. 그러나 부모들이 영적으로 서 있지 못한 교회들의 주일학교는 우르르 다 무너져 내렸다.

결국 오늘날 교회가 강조하고 집중해야 할 부분은 부모다. 벌써 과거 교사 중심의 주일학교 패러다임은 한계가 임박해 있다. 이제는 반드시 부모가 자녀들의 신앙 교육의 주체가 되어야 한다. 그렇다면 먼저 우리 성도들의 가정을 진단해 보자.

언젠가 친구 목사와 대화하는데, 친구 목사가 교회에서 일어난 일로 하소연을 했다. 교회 청소년부에 새 신자가 와서 가정 심방을 갔는데, 할머니와 살고 있었다고 한다. 부모가 이혼한 후 돌봄의 책임이 할머니에게로 간 것이다.

나이 많으신 할머니가 고등학생 손자를 돌보는 일이 결코 쉽지 않았고, 아이는 중독 수준으로 종일 컴퓨터만 했다. 매일 새벽 늦게까지 게임만 하니까 주일에도 오후가 되어서야 일어났다. 당연히 예배도 오지 않았다. 시간이 지나 할머니가 손자인 아이를 친구 목사에게 소개하면서 이렇게 말씀하셨다고 한다.

"목사님, 이제 우리 아이는 목사님이 책임지십시오. 앞으로 우리 아이는 목사님 몫입니다."

그 말에 친구 목사는 엄청난 부담을 갖게 되었고, 이미 게임 중독에 빠진 아이를 어떻게 해야 할지 모르겠다며 고민을 털어놓았다.

이런 경우도 있었다. 한 아이가 갑자기 교회에 잘 출석하지 않아 부모에게 그 사실을 알렸다. 알고 보니, 주일이면 부모는 먼저 교회로 출발하고 아이는 잠에서 깨어나지 못해 교회를 빠지곤 했던 것이다. 그러고는 부모에게 교회에 다녀왔다고 거짓말을 해왔던 것으로 밝혀졌다.

그런데 나중에 부모가 찾아와서 "교회 시스템이 왜 우리 아이를 깨우지 못했습니까? 왜 교사가 이 문제를 직접 해결하지 못했습니까?"라고 말하며 오히려 교회에 따지는 것이 아닌가. 주일학교와 교사에게 문제가 있는 것으로 인식하고 만 것이다.

사실 교회 다니는 부모들이 적극성을 가지고 자녀를 신앙으로 인도하는 경우는 많지 않다. 모두 '교회에서 알아서 하겠지, 어떻게 되겠지, 나중에 좋아지겠지' 등 막연한 바람만 가지고 있다. 게다가 자녀들이 장성할수록 부모가 신앙적으로 개입할 수 있는 부분에 한계가 많아진다. 오죽하면 월터 헨릭슨(Walter A. Henrichasen)이 이런 말을 했을까?

> "지금 수많은 기독교 가정이 있다. 하지만 가정에서 자녀들을 영적으로 양육하는 가정은 거의 없다. 또한 가정에서 예배를 드리는 가정도 별로 없다. 그 이유는 모두가 너무 바빠서 그렇다."[1]

코로나19 시기를 겪으면서 많은 교회가 '결국 부모로 승부해야 한다'는 대안을 제시했지만, 실제로 성공한 교회는 별로 없다. 부모 세미나를 열면 극소수의 열심 있는 부모만 참여할 뿐이다.

부모와 자녀의 신앙 연계를 계획하면서 가정예배 프로그램을 도입하더라도 처음에만 반짝 반응을 얻지, 대다수 성도에게 외면을 받는 것이 현실이다. 특히 각 교회 교육 디렉터 중심으로 편성된 가정 프로그램들은 주로 열심 있는 여성도들만 반응을 보이고 있다.

왜 이런 상황이 발생하는 것일까? 가장 큰 원인은 사역자들이 현대 가정의 깊은 속사정을 파악하지 못한 데 있다고 본다. 현대 기독교 가정이 직면한 문제를 살펴보면 대략 10가지다.[2] 심각성이 적은 문제에서 많은 문제로 정리해 보면 다음과 같다.

- 10위 / 물질주의 – 믿음의 가정도 돈이 삶에서 가장 우선순위가 되고 있다.
- 9위 / 일과 가정의 균형 – 대한민국 사회가 너무나 바쁘다. '직장에서의 삶이 더 중요한가, 가정이 더 중요한가?'라는 딜레마가 늘 존재한다.
- 8위 / 미디어의 부정적인 영향 – 유튜브를 포함, 미디어 홍수 속에서 살고 있다. 미디어가 자녀들의 삶에 많은 부정적인 영향을 주었다. 실은 미디어의 부정적인 영향은 부모 역시 동일하게 받고 있다.
- 7위 / 대화 부재 – 현대 가정의 특징은 가족들 간에 대화가 거의

없다는 것이다. 믿음이 있는 가정도 가족들끼리 거의 대화를 하지 않고 있다.

- 6위 / 경제적 압박 – 많은 가정에 금전적 어려움이 있다. 급등한 부동산 가격으로 인한 주거지에 대한 어려움, 자녀들의 교육비로 겪는 어려움 등 모든 가정이 경제적 압박을 받고 있다.

- 5위 / 훈계의 결핍 – 현대 가정의 부모들은 자녀들에게 훈계하기를 꺼린다. 또한 자녀의 수가 너무 적다 보니 자녀를 금쪽같이 키우는 경향이 많다. 그래서 요즘 아이들의 인성이 잘 완성되지 않은 경우가 많다.

- 4위 / 아버지의 부재 – 이 말은 아버지가 돌아가셨거나 부모가 이혼해 아버지가 부재한 경우를 의미하지 않는다. 아버지가 계시는데, 가정에서 아무런 역할을 하지 않는 경우다. 단지 생활비만 벌어다 줄 뿐 가정에서 실제적 영향력이 거의 없다는 것이 문제다.

- 3위 / 바쁨 – 가장만 바쁜 것이 아니라 온 가족이 바쁘다. 맞벌이 가정이 많아져 엄마도 바쁘다. 아이들은 사교육으로 인해 더욱더 바빠졌다.

- 2위 / 이혼 – 이제 이혼은 남의 일이 아니게 되었다. 우리 주변 어디에나 이혼 가정이 존재하고, 교회 안에도 꽤 많다.

- 1위 / 비기독교 문화의 가정 침투 – 무늬만 기독교 가정이지, 가정의 문화를 들여다보면 비기독교인들과 큰 차이가 없다. 세속의 가치관과 이념이 기독교 가정에 깊이 들어와 있다.

우리가 섬기는 교회 성도들의 가정은 이 중 몇 가지에 해당한다고 생각하는가? 어쩌면 거의 다 해당할 수도 있다. 하나님이 가장 먼저 창조하신 공동체가 가정이고, 가정은 매우 신성한 곳인데, 지금 가정이 제대로 작동하지 못하고 있다.

기독교 가정이 얼마나 무너졌냐면, '지금 전도 대상 1호가 믿는 가정의 자녀들'이라는 말이 있을 정도다. 이러한 상황에서 가정을 대상으로 한 프로그램이나 세미나를 시도해도 성공할 리 만무하다.

교회와 부모들이 먼저 직시해야 할 것은 주일학교만을 통한 신앙 교육에는 반드시 한계가 있다는 것이다. 그 결과는 이미 한 세대 동안 실패한 주일학교를 통해서 충분히 볼 수 있다.

자녀들 신앙의 주체는 반드시 부모가 되어야 한다. 무슨 일이 있더라도 부모를 살려야 하고, 부모를 세워야 한다. 지금까지의 주일학교 그림으로는 안 되고, 부모를 교회교육의 중심에 두어야 한다. 왜냐하면 부모가 가진 힘이 엄청나기 때문이다. 부모의 힘이 얼마나 대단한지 알 수 있도록, 몇 가지 자료를 제시하겠다.

부모가 가진 힘이 최고의 힘이다

첫째, 하트 커넥션(Heart-Connection)

태아가 엄마 배 속에 있을 때 엄마가 직접 음식을 먹여 주지 않아도 태아는 잘 자란다. 그 이유는 태아와 엄마 사이에 연결고리가 있기 때문이다. 모든 영양분이 탯줄이라는 연결고리를 통해 엄마에게서 아이에게로 공급된다. 탯줄은 아이가 숨 쉴 수 있고, 살 수 있고, 자랄 수 있는 유일한 커넥션이다.

엄마가 아이를 출산한 후 눈에 보이는 탯줄은 잘려도 감정의 커넥션은 여전히 존재한다. 부모의 마음과 자녀의 마음을 연결하는 커넥션이 있다. 이것을 '하트 커넥션'(Heart Connection)이라고 한다. 모든 부모와 자녀 사이에는 마음과 마음의 연결고리가 있다.

이 커넥션은 일종의 파이프라인과 같다. 부모가 좋은 것을 흘려보내면 자녀가 좋은 것을 받고, 부모가 나쁜 것을 주면 자녀는 나쁜 것을 받게 된다. 부모가 아무것도 주지 않으면 자녀는 아무것도 받지 못하게 된다.

미국 사우스웨스턴신학교 리처드 로스(Richard Ross) 교수는 부모가 파이프라인을 통해서 자녀들에게 주어야 할 3가지 필수적인 요소로 부모의 포기하지 않는 사랑, 성경의 가르침, 자녀를 향한 보살핌을 들었다. 부모가 이 3가지만 자녀에게 흘려보내 준다면 이 땅에 문제 있는 자녀는 없으며, 자녀의 신앙에 대해 걱정할 필요가 없게 된다는 것이다.

하지만 현대 기독교 가정을 보면, 이 파이프라인이 제대로 작동하지 못하는 경우가 많다. 가족들이 모두 바빠서 대화할 시간이 부족하다 보니, 부모에게 자녀를 향한 친밀한 사랑이 많이 결여되어 있다.

그러면 아이들은 다른 대상에 파이프를 꽂게 되고 거기서 영향을 받게 된다. 그 다른 대상이 바로 친구와 미디어다. 부모의 영향력보다 다른 대상이 미치는 영향력이 더 커지기 때문에 결국 신앙과 상관없는 길로 가게 된다. 그러므로 아이들이 반드시 부모의 영향을 받도록 만들어야 한다.

둘째, 부모의 힘에 관한 데이터

2005년 미국 신문「스타 텔레그램」(*Star Telegram*)에서 미국 테렌 카운티에 살고 있는 고3 학생 중에서 학교 성적 상위 20% 안에 드는 학생들만을 대상으로 리서치를 했다. 이른바 '학업 성적 상위권 학생들의 삶은 무엇이 다른가?'에 대한 연구 조사였는데, 다음과 같은 결과가 나왔다.

상위 20% 학생들의 절반 이상이 신앙생활을 잘하고 있었다. 미국 지역마다 차이가 있겠지만, 기독교 비중이 높은 지역이어서 충분히 가능한 데이터라고 본다.

"당신의 삶에 최고의 상담가가 누구냐?"라는 질문에는 학생들의 47%가 부모라고 답변했고, "당신의 삶에 가장 진지하게 관여하는 사람이 누구냐?"라는 질문에는 학생들의 70%가 부모라고 답했다. 그리고 학생들의 41%는 온 가족이 매일 식사한다고 답했으며, 학생들의 92%는 성적 때문에 부모님께 혼나 본 적이 없다고 답변했다.

이 연구 결과는 신앙생활을 잘하는 학생들의 경우, 부모에게 좋은 영향력을 많이 받았음을 증명해 준다. 결국 자녀들의 신앙과 삶에 최고의 영향력을 끼치는 대상은 부모라는 것이다.

신문 기사에 실린 데이터만 아니라, 더욱 방대한 데이터 결과를 제시하겠다. 미국 노틀램대학교 교수인 크리스천 스미스(Christian Smith)는 아주 오랜 시간에 걸쳐서 미국 전역에 있는 청소년들과 청년들을 대상으로 연구 조사를 시행했다.

신앙이 좋은 아이들부터 신앙이 없는 아이들까지 등급으로 구분하고, 그들의 삶이 믿음과 어떠한 연관성이 있는지를 조사했다. 연구 결과 믿음이 좋은 학생들에게 건전한 성 의식이 있었으며, 일탈 행위가 별로 없었고, 감정 기복도 적은 등 삶의 긍정적 지표가 꽤 높았다.

이 연구 결과의 핵심 질문은 "왜 신앙심이 좋은 아이들이 삶에서 좋은 지표를 보였는가?"였다. 정답은 부모의 영향력 때문이었다. 부모와 관계성이 좋은 아이들이 신앙도 좋고, 삶의 모든 지표가 건강하다는 결과가 나왔다. 그들은 부모와 함께 외출하고 식사하기를 매우 좋아했고, 부모에게 상담을 받았으며, 부모와 스스럼없이 대화를 나누었다.[3]

결국 모든 것이 부모의 힘이다. 자녀들의 신앙과 삶에 가장 큰 영향력을 행사하는 대상은 부모다.

지금이라도 성경적으로 교육하기를 시작하라

누군가 "왜 주일학교가 잘되지 않는가? 왜 신앙의 세대 전수에 실패하는가?"라고 묻는다면 필자는 이렇게 답할 것이다.

"주일학교를 성경적으로 이끌지 않아서다."

성경은 분명하게 자녀 양육에 대한 정답을 주고 있다. 신명기 6장 4-9절을 보라.

"이스라엘아 들으라 우리 하나님 여호와는 오직 유일한 여호와이시니 너는 마음을 다하고 뜻을 다하고 힘을 다하여 네 하나님 여호와를 사랑하라 오늘 내가 네게 명하는 이 말씀을 너는 마음에 새기고 네 자녀에게 부지런히 가르치며 집에 앉았을 때에든지 길을 갈 때에든지 누워 있을 때에든지 일어날 때에든지 이 말씀을 강론할 것이며 너는 또 그것을 네 손목에 매어 기호를 삼으며 네 미간에 붙여 표로 삼고 또 네 집 문설주와 바깥문에 기록할지니라."

이 말씀을 시작하는 히브리어 단어가 '쉐마'(들으라)이기에, 보통 이 구절을 '쉐마'라고 부른다. 우리는 이 말씀을 부모 세미나 때 많이 이용한다. 하지만 유대인들에게 쉐마는 지상 대명령이다. 그들에게 가장 중요한 말씀 중의 말씀이다.

성경은 분명히 자녀 신앙에 대한 책임이 부모에게 있다고 말한다. 하나님이 우리 아이들의 신앙에 대한 일차적 책임을 담당 교역자나 교사에게 주지 않으셨다. 지금 한 아이가 교회에 나오지 않고 있다면, 그 주된 책임은 교역자나 교사에게 있는 것이 아니라 부모에게 있다. 자녀들이 하나님을 사랑하고 섬기고 따르게 하는 일은 부모 몫이다.

우리 주일학교가 그간 크게 놓쳤던 부분이 바로 이 말씀, 신명기 6장 4-9절이다. 부모들이 영적으로 바로 서지 못해서 가정에서 신앙 교육을 전혀 하지 못했다. 교회가 교육 부서를 뛰어넘어 전체적으로 부모를 바로 세우는 데 집중했어야 했는데, 그렇게 하지 못했다.

사실 대한민국에서 살고 있는 부모들의 삶이 너무 고단하고 힘들다. '가정에서 신앙 양육까지 해야 하나?'라는 생각이 들었을지 모른다. 그래서 삶에 지친 부모들은 좋은 교육 시설과 시스템이 있는 교회를 선호했고, 많은 대형 교회가 좋은 교육 시설과 좋은 주일학교 프로그램을 만드는 데 심혈을 기울였다. 한편 교회들은 이런 방식으로 주일학교에 투자한 후 성장의 열매를 거두는 경험을 했다.

하지만 지금 그 방법을 따랐던 한국 교회 주일학교의 결과가 어떠한가? 특히 코로나19 이후 대형 교회나 소형 교회나 거의 모든 주일학교가 처참하게 무너지지 않았는가? 주일학교가 외형적으로는 매우 현란하고 탁월해 보여도 아이들의 신앙에 생각보다 큰 영향을 주지는 못했다. 그 결과가 무엇인가? 다음 세대로의 신앙 전수 실패가 아닌가!

2021년의 시작과 함께 보도된 다음 세대에 관련된 두 가지 충격적인 기사는 주일학교 시스템을 재고하게 했다.

첫 번째 기사는 2021학년도 전국 주요 신학대학교 신학과가 거의 다 미달되었다는 기사였다. 심지어 서울에 소재하는 대형 교단의 신학교도 미달이었다. 이제는 교회마다 믿음으로 세상을 이기려고 하는 '주의 종', 헌신자들이 별로 없다.

두 번째 기사는 2021년 목회데이터연구소에서 발표한 코로나19 이후 청년들의 신앙에 대한 인식 조사 결과였다. 교회 청년들의 47%가 "10년 후에 교회를 더 이상 나가지 않을 것 같다"고 답변했다.[4] 그간 부모에게 끌려와서 교회를 다녔지만 앞으로는 교회 나갈 일이 없다는 청년이 대다수다.

이것이 바로 지금 대한민국 주일학교의 현주소다. 우리 자녀 세대는 신앙의 홀로서기에 완전히 실패했다. 그렇다면 우리는 이제 어떻게 해야 하는가?

성경에서 하라는 대로만 하면 된다. 지금이라도 부모들을 양육하고, 부모들을 자녀 신앙 교육의 주체로 세워야 한다. 더 이상의 신앙 교육의 구경꾼으로 방치하지 말고, 부모들이 자녀들을 영적으로 양육시키도록 만들어야 한다.

그렇게만 한다면 놀라운 역사가 일어날 것이다. 신명기 6장 10-13절은 하나님이 자녀들의 인생에 엄청난 복을 주신다고 말한다. 이 복에는 단지 영적인 복만 포함되지 않는다. 육적인 복까지 포함된다.

지금이라도 교회교육은 성경적으로 돌아가야 한다. 이것이 무너진 대한민국의 다음 세대를 세우는 길이다. 이 방법이 신앙의 세대 전승을 가능하게 할 수 있는 유일한 방법이다. 우리 아이들의 신앙 교육에 있어서 반드시 부모가 제 역할을 해야만 한다.

국제YWAM코나열방대학 대표 폴 칠더스(Paul Childers) 목사는 그의 강연에서, "다음 세대 신앙 전수는 부모가 말씀을 통해서 변화되고, 부

모가 체험한 신앙이 자녀에게 흘러가야 한다"라고 주장했다.[5]

따라서 이제는 교회교육의 새 판이 필요하다. 수십 년간 지속되어 온 과거 주일학교 패러다임을 가지고는 힘들다. 교육위원장, 각 부장, 임원 교사, 반 담임 교사, 그리고 모든 것의 책임은 교역자 등 이러한 구조에서 탈바꿈해야 한다. 교육의 주체를 부모에게로 돌려야 한다. 그리고 교회교육은 한 개 분과나 부서의 일이 아닌 교회 전체의 일이 되어야 한다. 이 구조가 구축될 때 신앙의 세대 전수가 가능하다.

그렇다면 이제 현 상황에서 부모를 세울 수 있는 구체적인 방법을 살펴보겠다.

부모의 힘을 키우기 위한 4가지 추천 프로그램

첫째, 30일 대화, 관계 회복 프로그램

교회마다 부모들을 영적으로 성장시키기 위해서 안간힘을 쓰고 있을 것이다. 이때 영적인 부분을 보기 전에 가정의 실체를 들여다볼 필요가 있다.

지금 우리 사회는 부모와 자녀들의 사이가 너무 벌어져 있다. 소통이 되지 않는 구조다. 따라서 가장 먼저 필요한 것은 부모와 자녀들 간의 관계 회복이다. 관계가 막혀 있으면 영적인 것을 공급해 주고 싶어도 줄 수가 없다.

당장 가정에서 부모의 힘을 극대화하는 방법은 부모와 자녀의 하트 커넥션을 만드는 것이다. 이를 위해 리처드 로스의 『부모와 십대 자녀를 이어 주는 30일 대화』를 꼭 읽어 보기 바란다.

책 서두에 30일 동안 프로그램이 어떻게 진행되는지, 매뉴얼이 잘 나와 있다. 책에 있는 대로 부모와 자녀가 30일간만 제대로 대화를 나눠도 충분히 관계 회복이 가능하다. 특히 초등학교 3학년 이상의 자녀를 둔 가정에 매우 효과적인 프로그램이 될 것이다.

둘째, 가정예배 세미나

부모와 자녀의 관계가 어느 정도 회복되었다면, 그다음 단계로 가정예배를 실천해 보는 것이 좋다. 성도들에게 가정예배를 드리라고 하면, 이미 여러 번 실패한 경험 때문에 부담감을 가지고 염려부터 한다.

'믿음이 없는 남편이 협조를 할까? 아이들이 싫어할 텐데 어떻게 가정예배를 드릴 수 있을까?'

교회적으로 가정예배를 시작하려고 한다면, 먼저 전 교인을 대상으로 가정예배 세미나를 여는 것이 좋다. 가정예배 세미나 강사는 수년간 가정예배를 잘 인도해온 가정예배 전문 강사가 좋을 듯하다. 특히 가정예배에 관련한 좌충우돌 이야기와 가정예배의 열매에 대한 간증이 부모들에게 큰 힘이 되리라 기대한다. 지소영 선교사님의 『153 가정예배』를 읽으면 가정예배에 관한 놀라운 간증에 은혜를 많이 받게 될 것이다.

흔히 가정예배라고 하면 '예배'에 너무 집중한다. 따라서 예배의 시간과 형식을 가장 먼저 생각한다. 가정예배를 간단하게, 온 가족이 함께 모여 영적인 대화를 나누고 기도하며 하루를 마무리하는 시간으로 생각하면 부담을 덜 수 있다.

필자의 가정은 가정예배를 10분간 드린다. 순서는 매우 간단하다. 사도신경-아이들이 부를 수 있는 찬양 1곡-그날 가정예배 책자 읽기-마무리 기도-주기도문 순이다. 비록 10분이라는 짧은 시간이지만, 매일 부모가 자녀들에게 영적인 영향을 줄 수 있고 자녀에게 축복기도를 해줄 수 있다는 것만으로도 엄청난 힘이 된다.

셋째, 마더와이즈, 파더와이즈

아마 한국 교회에서 가장 많이 실행한 부모를 위한 소그룹 프로그램은 마더와이즈(Mother Wise)일 것이다. 지혜로운 엄마를 꿈꾸며 엄마들끼리 함께하는 소그룹 시간이다. 가장 쉬우면서 효과가 큰 소그룹 모임이다.

마더와이즈에서는 인도자가 매우 중요한데, 먼저 이 프로그램을 경험한 사람이 인도하는 것이 가장 좋다. 일반적으로 교회에서는 목사의 아내나 여전도사가 인도하는 경우가 많다. 하지만 일반 평신도도 얼마든지 인도할 수 있다[드니스 글렌(Denise Glenn)의 『마더와이즈-회복/지혜/자유 시리즈』를 참조하라].

최근에는 아빠들을 위한 파더와이즈(Father Wise)가 시작되었다. 이 프로그램 역시 교회 담임 목사를 중심으로 하면 더욱더 효과적이다. 남성들을 위한 가정 회복 소그룹 모임이라고 할 수 있다[데이비드 글렌(David Glenn)의 『파더와이즈-지혜로운 아버지』를 참조하라].

넷째, 부모 클리닉

자녀와의 관계 형성이 도무지 안 되고, 가정예배는 꿈도 못 꾸는 가정도 있을 것이다. 특히 자녀의 일탈 행동이 너무 심하거나 사춘기를 심하게 앓는 경우 부모의 고민은 말로 표현하기 힘들 정도다.

자녀 양육에 고민이 많은 부모를 모아 2주짜리 부모 클리닉을 열면 상당히 좋은 효과를 볼 수 있다. 우선 부모 클리닉 대상은 반드시 부부로 하는 것이 좋다. 가정의 문제는 보통 부부의 문제에서 시작되기 때문이다. 프로그램을 짤 때 조금만 지혜를 발휘하면 믿지 않는 배우자도 쉽게 동참하게 할 수 있다.

게리 채프먼(Gary Chapman)의 『5가지 사랑의 언어』를 읽으면서 프로그램을 진행하는 것도 가능하다. 자체적으로 프로그램을 진행하기 힘들면 전문 기독교 상담가들을 통해 부모 집단 상담을 받아도 효과를 볼 수 있다.

필자가 직접 부모 클리닉을 진행할 때 일차적 초점은 부모에게 두었다. 부부간 관계 회복을 목표로 『5가지 사랑의 언어』를 가지고 부부간에 서로를 알아 가는 훈련을 했고, '5가지 사랑의 언어'를 서로 확인하며 사랑을 실천하도록 도왔다.

그다음으로는 자녀들과의 관계 형성에 초점을 맞췄다. 부모가 '자녀들의 사랑의 언어 테스트지'를 통해 자녀들의 사랑의 언어를 깨달은 후 가정에서 사랑을 실천하도록 했다. 짧은 기간이었지만 효과가 매우 좋았다.

부모 클리닉의 경우, 교회의 판단 아래 커리큘럼을 더 길게 잡을 수도 있다. 가장 효과적인 경우는 부부가 함께 프로그램에 참여한 경우다. 그러나 교회 안에 다양한 어려움이 있을 수 있다. 그런 경우에는 남성 따로, 여성 따로 훈련하는 것도 좋다.

〈부모 클리닉 커리큘럼〉

1강 "우리 가정은 괜찮나요?"
- 부부간에 서로를 얼마나 아는지 확인하기.
- 부부간에 '5가지 사랑의 언어' 테스트하기.
- 일주일 동안 서로의 사랑의 언어 실천하기

2강 "우리 자녀는 괜찮나요?"
- 부부가 각자 자녀들을 얼마나 아는지 확인하기.
- 자녀들의 '5가지 사랑의 언어' 테스트하기.
- 일주일 동안 자녀들에게 사랑의 언어 실천하기

이어서 부모와 자녀의 30일 대화 실행하기

CHANGE

— 5장

Change 2

바꿔라!
세대통합 교육으로

원래 교회는 세대통합이었다

　미국의 많은 교회는 이미 20년 전부터 주일학교의 패러다임을 바꿔 왔다. 그 이유는 주일학교 및 다음 세대 사역이 안 돼도 너무 안 되었기 때문이다. 팀 맥나이트(Tim McKnight)는 2012년 미국 역사상 최초로 기독교 인구가 50% 아래로 떨어졌고, 청소년 세대라 하는 Z세대 중에 기독교 세계관을 소유한 학생들은 4%밖에 되지 않는다고 밝혔다.[1]

　미국에서 가장 큰 교단인 남침례교단의 경우, 연간 침례(세례)를 받은 청소년들의 수가 1971년 약 13만 명에서 2006년 8만 명이 안 될 만큼 큰 폭으로 떨어졌다.[2] 그사이 전체 인구수가 1억 명 가까이 늘었

음에도 말이다. 이런 이유로 2000년이 되면서 남침례교단 안에 주일학교에 대한 대대적인 혁신과 변화가 일어났다.

그것은 바로 온 세대를 통합하는 주일학교로 전환하는 거였다. 그런데 사실 이러한 변화는 교회교육에 처음 시도된 혁신적 변화가 아니다. 본래 교회의 모습으로 되돌아간 것이다.

세대통합 주일학교 세팅은 지금 많은 교회가 진행하고 있는 분리형 주일학교보다 훨씬 긍정적인 교육 효과가 있다. 양승헌 목사에 의하면, 교회가 세대 분리형 교육이 아닌, 함께 공동체적으로 하나 되는 교육을 할 때 신앙의 세대 전수에 가깝게 다가갈 수 있다고 한다.

세대통합 교육이 아이들을 오히려 영적으로, 지적으로, 정서적으로 성장시킬 수 있다는 것이다.[3] 세대통합 교육이 기존의 주일학교 패러다임보다 훨씬 긍정적인 요소가 많다. 특히 현재 3040 부모 세대에게 알맞은 그림이 세대통합이다.

교회에서 언제부터 지금과 같은 연령별 분리 교육이 시작되었을까? 1780년대 영국에서 주일학교의 아버지라고 불리는 로버트 레이크스(Robert Raikes)의 활동이 시작되었다.[4] 미국에서 주일학교 운동들은 1800년대 중반 이후 시작되었다.

지금과 같은 주일학교가 활성화된 지는 100여 년밖에 되지 않았다. 산업화 및 근대화의 물결, 전쟁 후 출산율 증가, 공립학교 시스템 시작 등 사회구조가 바뀌면서 자연스럽게 교회에도 연령별 신앙 교육이 확산된 것이다. 그전에 교회는 모두 세대통합적 예배와 교육을 시행했었다.

미국 교회는 영적 대각성 운동과 부흥 운동이 활발하게 일어난 1800년대 후반과 1900년 초반에 급성장을 이루었다. 그 부흥기에 주일 미국 교회의 풍경은 이러했다. 주일 오전이면 일가족이 함께 마차를 타고 동네 교회로 가서 예배를 드린 뒤 집으로 돌아간다. 그리고 집에 가서 가정예배를 드렸다. 주일학교는 따로 없었다.

당시는 유년부, 초등부 사역자가 없었다. 청소년 사역자도 없었다. 아이들은 부모와 함께 예배드렸고 평신도 사역자들이 있었다. 최초의 주일학교 전임 사역자는 1937년에 세워졌다. 그리고 주일학교에 본격적으로 전문 사역자들이 세워진 시기는 1960년대 이후다.

당시에는 지금처럼 대형 교회가 없었고 주일이면 온 가족이 다 함께 예배드리는 것이 전부였다. 그럼에도 교회는 크게 성장했다. 주일학교 아이들의 수도 기하급수적으로 증가했다.

그 이유가 무엇일까? 당시 부모들은 시간만 나면 자녀들에게 신앙을 이야기하고 성경을 가르쳤다. 다음 세대를 향한 복음의 메신저 역할을 항상 부모가 했다. 그로 인해 신앙의 세대 전수가 이루어진 것이다.

1800년대 미국에서 가장 유명한 인물은 미국 제16대 대통령 에이브러햄 링컨(Abraham Lincoln)일 것이다. 링컨의 친모 낸시는 매일 저녁 링컨에게 성경을 가르쳤고, 성경책을 유품으로 물려주었다. 어린 아들을 두고 세상을 떠난 낸시는 링컨에게 다음과 같은 유언을 남겼다.

"여러 번 읽어 이젠 낡았지만, 우리 집에서 가장 값진 가보다. 너에게 100에이커의 땅을 물려주게 된 것보다 이 한 권의 성경책을 물려주게 된 것을 기쁘게 생각한다. 네가 책 속에 있는 진리의 말씀대로 살아간다면, 네가 100만 에이커의 대주주가 되는 것보다 기쁘겠다."

비록 링컨은 어린 나이에 어머니를 여의었지만, 어렸을 때 어머니가 해주신 신앙 교육대로 잘 자라 미국 역사상 최고의 대통령이 될 수 있었다.[5]

지금은 세대통합이 대세다

미국 내 이른바 역사와 전통이 있는 주류 교단 교회들은 그동안 엄청난 쇠락을 경험했다. 하지만 교회교육에 특별한 관심을 가지고 있던 초교파 교회나 회중 교회들은 오히려 성장을 경험했다. 이렇게 성장한 교회 중 세대통합 교육을 한 곳이 많다.

미국에서 최근 가장 빠르게 성장하는 기독교 계통의 교파는 모르몬교다. 여기서 이단으로 알려진 모르몬교를 언급하는 것은 대단히 안타까운 일이 아닐 수 없다. 그러나 미국 기독교 데이터 안에 모르몬교가 포함되어 있고, 급성장한 모르몬교로부터 배울 수 있는 교훈이 분명히 있다고 본다.

1990년 800만 명이 되지 않았던 모르몬교 교세가 2020년에는 1,600만 명을 훌쩍 넘겼다.[6] 40년 만에 2배 이상의 성장을 기록한 것이다. 특히 2000년 이후 모든 기독교 계통의 교단들이 감소세를 기록

했지만, 모르몬교는 2000년부터 2010년 사이에만 무려 45% 이상의 성장률을 보였다.[7]

그렇다면 모르몬교가 성장할 수 있었던 이유는 무엇일까? 퓨리서치 결과에 의하면, 모르몬교도들의 81%가 "부모님이 좋다"고 답변했다. 그리고 73%는 매우 만족스러운 결혼 생활을 하고 있다고 답했다. 미국 내 모르몬교의 교회 공동체의 열심 참여율은 67%로, 복음주의 개신교 43%, 전통 개신교 20%에 비해 훨씬 더 높다.

모르몬교의 가장 큰 특징은 가정을 중요하게 여긴다는 점이다. 그들은 주일예배 때 온 가정이 함께 예배를 드린다. 주일학교 예배가 따로 없다. 모르몬교도들은 행복한 가정을 이루고 있고, 그 안에서 신앙의 세대 전수를 잘 이루고 있다. 미국 청소년 중 모르몬교인들이 부모와 신앙 형태 유사성이 가장 높게 나온다고 한다.[8] 결국 모르몬교가 성장한 이유는 신앙 세대 전수의 성공이라고 볼 수 있다.

최근 미국 교회교육에 불고 있는 주류의 흐름은 부모와 함께하는 세대통합 교육이다. 다음 세대 교회교육을 위한 콘퍼런스인 오렌지콘퍼런스(Orange Conference)로 우리에게 잘 알려진 노스포인트커뮤니티교회가 그 대표적인 주자다.

그 교회는 더 이상 주일학교가 교회의 한 부분으로 존재하는 조직이 아닌, 교회와 가정을 합친 하나의 그림으로 가야 한다며 주일학교 패러다임을 시작했다. 그리고 실제로 세대를 통합하는 주일학교를 운영하면서 힘이 더 커졌다.[9]

그뿐만 아니라 신명기 6장 말씀을 실천하자고 주장하는 D6콘퍼런스 (D6 Conference)[10]는 미국 내 엄청난 폭발력을 가져왔고, 한국에까지 지부가 생겨서 정기적으로 콘퍼런스를 개최하고 있다.

세대를 통합하는 교육으로 대세가 움직이고 있다. 최근 미국 바나 리서치 결과에 의하면, 신앙심이 좋은 부모일수록 자녀들과 함께 기도하고 찬양하고 예배를 드린다고 한다.[11]

이제 주일학교는 패러다임을 바꿔야 한다. 성경이 말하고 있는 '부모와 함께하는 주일학교', 즉 세대통합 교육으로 가야만 한다.

세대통합 주일학교 세팅하기

세대통합 주일학교는 교회의 구성원을 연령별로 분리하는 분리 교육을 지양하고 어린아이, 청년, 장년, 노년층을 하나로 묶는 통합된 주일학교 구조다. 따라서 교회 규모와 관계없이 적용이 가능하고, 노년층이 많은 교회도 얼마든지 실행할 수 있다. 작은 교회에 적용하기 좋다는 것도 매우 큰 장점이다.

총신대학교 기독교교육과 김희자 명예교수는 "세대통합은 교회와 가정의 의무이자 기본이다. 하나님께서 가정과 교회를 세우신 이유 중 하나는 다음 세대에게 신앙의 유산을 물려주기 위함이다"[12]라고 말했다.

세대통합 주일학교의 가장 큰 특징은 두 가지다.

첫째, 다음 세대 사역을 한 부서의 사역으로 보지 않고 교회 전체 교육으로 보는 것이다. 따라서 주일학교에 속한 아이들을 일개 부서의 구성원으로 분리해서 보지 않는다. 과거 주일학교 패러다임에서는 대개 맨 꼭대기에 담임 목사가 있고, 그 아래 교육위원회가 있으며, 또 그 아래 각 교육 부서가 연령에 따라 구분되어 있다. 보통 미취학부, 취학부, 청소년부, 청년부, 장년부 등 세대로 구별되어 있다.

교회 규모가 큰 경우에는 부서마다 전임 목사나 준전임 목회자가 있고 중형 교회는 교육전도사들이 각 부서를 맡아서 사역한다. 그리고 청년부나 장년 사역은 주로 목사들이 한다. 따라서 전통적으로 주일학교 아이들을 각 부서에 속한 구성원들로 보았고, 그들에 대한 영적인 책임은 담당 교역자와 교사들이 졌다. 하지만 세대통합 교육에서는 주일학교 모든 아이가 교회의 구성원 역할을 동일하게 한다.

둘째, 다음 세대 사역의 핵심을 교사보다 부모로 보는 것이다. 전통적인 주일학교에서는 담당 부서의 교역자와 교사가 모든 교육을 이끌어 갔다. 그러나 세대통합 교육에서는 영적인 리더십의 핵심을 부모에게 둔다. 그러다 보면 교회의 프로그램들이 자연스럽게 연령별이 아닌, 온 세대가 통합되는 방향으로 진행된다. 전 교인이 함께하는 프로그램이 많다고 보면 된다.

세대통합 주일학교 모델은 교회 상황에 따라 다양하다. 티모시 폴 존스는 3개 종류의 세대통합 주일학교의 모델이 존재한다고 했다.

첫째, 가정 기초 사역(Family-Based Ministry)으로, 교회 내 각 주일학교 부서는 그대로 존재하되, 각 세대를 통합하는 커리큘럼과 활동들이 추가된다. 부서별로 활동하고 예배를 드리지만, 실제로는 온 세대가 함께하는 행사에 집중하게 하는 구조다.

둘째, 가정 구비 사역(Family-Equipping Ministry)으로, 이 모델의 경우도 각 부서가 동일하게 존재한다. 하지만 사역자가 교육의 일차적 주체를 부모로 여기고, 부모 제자훈련에 집중한다. 그리고 각 가정에서 부모가 직접 자녀들을 양육하는 데 힘쓰도록 만든다. 주일학교 아이들의 신앙 양육 주체가 교사가 아닌 부모라는 점이 핵심이다.

셋째, 가정 통합 사역(Family-Integrated Ministry)으로, 오직 가정 제자화가 목표다. 이 모델의 경우 각 교육 부서 및 여전도회나 남전도회가 존재하지 않는다. 모두가 매주 함께 예배드리며, 교회 대부분의 행사와 프로그램도 온 세대가 함께한다.[13]

세대통합 주일학교는 교회교육을 각 부서에 일임하는 구조가 아니다. 각 부서를 하나로 통합해 교회가 안고 가는 구조다. 주일학교 아이들을 교육 부서의 구성원이 아닌 교회 전체의 구성원으로 본다. 여러 모델에 따라 각 부서 예배와 양육이 있기도 하고 없기도 하지만, 공통적으로 교회가 부모를 통해서 아이들의 신앙을 양육하는 데 집중한다.

다음 세대의 영적 책임을 교회 전체가 지고, 부모를 통한 신앙 훈련을 강조하며, 온 세대가 하나 되는 교육 청사진을 그리는 것이 세대통합 주일학교다.

| 전통 주일학교의 모습 |

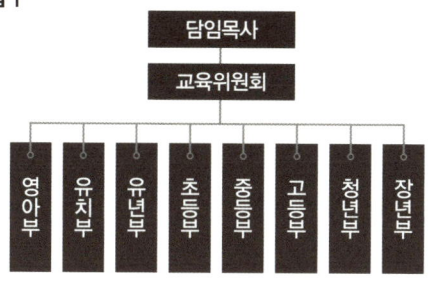

| 세대통합 주일학교의 모습 |

　현재 한국 교회에서 세대통합 교육을 하는 교회들을 보면 대부분은 교육 부서를 유지하고 있다. 주일예배를 주일학교 아이들과 어른 성도들이 통합해서 드리는 교회도 있고, 각 부서별로 드리는 교회도 있다.
　세대통합 교육의 핵심은 예배를 온 성도가 같이 드리느냐, 따로 드리느냐에 있지 않다. 연령별로 각개전투를 하지 않고 하나 되어서 통합으로 교육을 한다는 데 있다. 따라서 교육 부서는 교사의 역할보다 부모의 역할을 더 중요시 여기고 부모들의 참여를 적극적으로 유도한다.

부교역자의 구조를 세대통합형으로 바꾸는 교회도 있다. 2000년대가 시작되면서 미국의 많은 교회가 세대통합으로 전환하며 주일학교와 장년 교구 사역의 이원화 그림을 하나로 묶는 모습을 보았다. 미국 교회도 한국 교회의 구조처럼 주일학교 교육전도사, 교구 담당 목사가 구분된 그림이 많았는데 앞의 원형 그림과 같이 통합시켰다.

실제로 한국 교회 안에 이러한 변화가 많이 필요하다. 왜냐하면 교구 목사들이 성도들 가정을 심방할 때 많은 성도가 자녀에 대한 기도 제목과 고민을 이야기하기 때문이다.

그러나 성도들의 이야기를 들은 교구 목사들이 실제로 제공해 줄 수 있는 해결책이 별로 없다. 기도만 하고 올 뿐이다. 하지만 교육부 사역자들이 심방을 하게 되면 그 성도의 자녀에 대한 깊은 대화가 가능해지고 전문적인 해결책을 제시해 줄 수 있게 된다.

교회적인 큰 틀에서 볼 때도 아이들을 심방하는 사역자와 그 부모를 심방하는 사역자가 다른 것보다 하나로 통일된 경우 사역의 효과를 훨씬 극대화할 수 있다.

코로나19 시대로 '성도들의 성향이 더욱더 개인주의화되고 세대 간 갈등이 커졌다'는 우려의 목소리가 있다.[14] 교회는 이를 보완하기 위해 노력해야 한다.

무엇보다도 세대가 하나 되어 예배하고 교육받는, 지극히 성경적인 모습을 회복해야 한다. 미국 교회가 세대통합으로 큰 틀을 바꾼 것은 새로운 패러다임이 아니고, 성경적인 그림으로 돌아가는 것이다.

세대통합 교육에서 가장 중요한 부분은 부모다. 전에는 부모들이 주일학교에 아이들을 맡기기만 하면 되었는데, 이제는 함께 주일학교 안에 들어가야만 한다.

| 일반적인 주일학교와 세대통합 주일학교 패러다임 비교 |

	일반 주일학교	세대통합 주일학교
사역 대상	주일학교 학생, 교사	부모, 주일학교 학생, 교사
사역 목표	주일학교 학생들을 변화시켜 그리스도의 제자로 삼는 것	부모와 주일학교 학생들을 양육하여, 온전한 가정에서 바르게 신앙생활 하도록 돕는 것
사역 방법	주일학교 학생들과 깊은 관계 형성	부모 및 주일학교 학생들과 깊은 관계 형성
프로그램	주일학교 학생들의 눈높이에 맞는 프로그램	부모와 자녀의 관계 형성에 도움이 되는, 온 가족이 함께하는 프로그램

세대통합 교육에 부모를 참여시켜라

세대통합 주일학교 사역은 부모의 참여가 매우 중요하다. 앞 장에서도 살펴보았듯이, 아이들의 주일학교 프로그램 참여도 및 헌신도는 부모의 열정과 비례한다. 부모가 열심이 있으면 어떻게 해서든지 아이를 교회 활동에 참여시키려고 한다. 반대로 부모가 믿음이 없으면 주일학교 프로그램을 쳐다보지도 않는다.

교회 주일학교 학생의 부모들 가운데 믿음이 매우 좋으며, 주일학교 교육을 사모하는 많은 분이 있다. 그런 가정에서는 주일학교의 모든 프로그램을 아이의 삶에서 우선순위로 둔다. 그러면 그 가정의 아이는 예배, 성경학교, 제자훈련, 기타 모든 프로그램에 100%, 무조건 열심히 참여한다.

부모가 주일학교 사역에 조금만 열정이 있어도 사역자는 힘을 얻고 주일학교가 잘 진행된다. 하지만 거기에서 그치지 말고, 이제는 부모들을 주일학교 안으로 더 깊이 끌어들여야 한다.

그간 주일학교에서 부모의 역할은 학교에서 학부모의 역할과 큰 차이가 없었다. 교육부 행사 일정이 나오면 협조해 주는 정도가 대부분이었다. 주일학교 사역에 몸소 헌신하는 부모는 그리 많지 않았다. 대부분 부모 초청 예배나 부모 기도회 등에 참여하는 정도에 그쳤다.

지금 주일학교 아이들을 영적으로 세우길 원한다면 반드시 부모들을 주일학교 중심부에 두어야만 한다. 주일학교 사역자들은 부모들과 주기적으로 소통하며 부모들에게 성경적 자녀 양육 방법을 가르쳐야 하고 신앙 교육 매뉴얼을 제공해야 한다.

또한, 부모들을 대상으로 정기적인 신앙 양육도 해야 한다. 잠자는 부모를 깨워서 주일학교 안으로 깊숙이 끌어들여야만 아이들의 은혜로운 예배와 영적 양육이 가능해진다.

부모를 주일학교 사역 깊숙이에 끌어들이고 함께하는 일은 생각보다

어렵지 않다. 다음과 같은 방법들을 따른다면 부모와 함께하는 주일학교 사역은 얼마든지 가능하다.[15]

첫째, 부모를 주일학교 사역의 대상으로

보통 주일학교 사역이라고 하면 해당 교육 부서 아이들만 사역의 대상으로 여긴다. 조금 폭이 넓으면 교사까지 포함시킨다. 하지만 해당 부서의 부모들 역시 사역의 대상이다. 부모가 변화되면 주일학교 사역은 정말 수월해진다. 전에는 주일이면 자녀를 학원으로 밀어 넣었던 부모가 은혜를 받은 후에는 먼저 와서 수련회 날짜를 물어본다.

아이들만 대상으로 사역할 것이 아니라 그 부모를 대상으로도 사역해야 하고, 아이들만 심방할 것이 아니라 그 부모도 심방해야 한다. 놀라운 역사가 일어날 것이다.

둘째, 부모를 주일학교 사역의 오른팔로

보통 젊은 교육전도사들은 주일학교 아이들의 부모들을 부담스러워한다. 청년 교사들도 부모들과 통화하기를 매우 힘들어한다. 하지만 부모들은 주일학교 사역의 오른팔이 될 수 있음을 기억해야 한다.

규모가 조금 작은 교회에서 청소년 사역을 할 때 한 달에 1회 부모 모임을 가졌다. 그리고 부모들에게 다음 달 행사 계획을 먼저 브리핑했고, 여러 안건도 받았다. 감사하게도 많은 부모가 관심을 가지고 적극적으로 참여해 주셨다.

한번은 부모 모임 시간에 한 분이 중고등부실의 시설이 열악하다고 지적을 하셨다. 그 후 이 문제를 놓고 토론이 벌어졌는데, 급기야 부모들이 협력해서 2주 동안 중고등부실 리모델링 공사를 하기에 이르렀다. 부모들이 자발적으로 진행했는데, 그 공사로 필자가 담임 목사님에게 칭찬을 받았다. 부모가 주일학교 사역의 대상으로 들어오게 되면 가능해지는 그림이다.

주일학교 사역에 있어 부모를 사역의 대상자로 삼고 함께 갈 때 이만한 우군이 없다. 자기 자녀가 속한 부서이기 때문에 부모들이 더 많은 관심과 헌신을 쏟을 수밖에 없다.

셋째, 부모가 신뢰하는 주일학교 사역으로

미국과 한국에서 청소년 사역을 할 때 두 교회에서 각각 8년, 9년간 섬겼다. 후배 사역자들은 어떻게 한 교회에서 오래 사역할 수 있었는지 궁금해 한다. 미국에 있을 때, 중간에 담임 목사님이 바뀌어서 사표를 제출했었는데 부모들의 엄청난 항의로 사역을 다시 한 적도 있었다. 필자가 청소년 사역을 오랫동안 감당할 수 있었던 비결은 부모들과의 친밀한 관계에 있다.

주일학교 사역자들이 부모와 깊은 관계를 형성할 때 부모들은 사역자를 신뢰하게 된다. 부모들이 사역자를 신뢰하게 되면 주일학교 사역에 있어서 천군만마를 얻은 것과 같다. 사역자가 어떠한 일을 하더라도 부모들이 적극적으로 지원해 주기 때문이다.

지금부터라도 주일학교 사역에 부모를 반드시 포함시켜야 한다. 단지 부모 기도회라든지 부모 초청 예배를 뛰어넘어야 한다. 주일학교 사역자들은 부모 심방, 부모 양육, 부모 사역 매뉴얼 작업 등을 통해서 부모를 세워나가야 한다. 이 방법이 주일학교를 살리고 다음 세대 영혼들을 살리는 최선의 길이다.

부모들을 주일학교에 참여시킬 수 있는 추천 프로그램[16]

학부모회

주일학교 부서마다 학부모회를 구성하면 모든 부모가 주일학교에 관심을 갖게 할 수 있다. 매달 정기적으로 학부모 모임을 가지면 가장 좋지만, 최소한 분기에 1회 모임을 갖고 부서가 나아갈 방향을 같이 의논하는 자리를 마련하면 좋다. 학부모회는 주일학교 행사 때마다 든든한 우군이 되어 줄 것이다.

행사지원팀

주일학교에 성경학교, 수련회, 전도집회 등 많은 행사가 있다. 그럴 때마다 많은 일손이 필요한데, 부모들로 행사지원팀을 꾸리면 좋다. 담당 사역자나 부장이 행사가 있을 때마다 행사지원팀에서 도움을 받을 수 있는 부분을 의논하면 행사를 치르기가 매우 수월해진다.

부모 기도회

이미 많은 교회에서 부모 기도회를 진행하고 있을 것이다. 부모 기도회는 보통 주중 오전에 많이 갖는다. 코로나19로 인한 비대면 시대인 요즘 줌(ZOOM)을 통한 정기 기도회가 꽤 좋은 호응을 보이고 있다. 가장 빠르게 실행할 수 있는 프로그램이 부모 기도회다.

부모와 함께하는 수련회

수련회가 주는 가장 큰 효과는 관계의 회복이다. 수련회는 하나님과의 관계 회복, 그리고 공동체 내 관계 회복을 가져다준다. 현재 우리나라 가정은 매우 불안정하다. 가정에서 대화가 많이 없고 관계가 서먹서먹하다. 부모와 자녀가 함께하는 수련회는 부모와 자녀의 관계 회복에 큰 도움을 줄 수 있다. 서로 마음의 문을 열 수 있는 프로그램을 잘 기획하면 단기간에 좋은 효과를 볼 수 있다. 교회 규모가 크다면 따로 신청자를 받아 수련회를 진행해도 좋다.

자녀 교육 세미나

교회에서 부모들을 대상으로 자녀 교육 세미나를 해보면 생각보다 부모들의 호응이 크지 않다. 필요하다면 공예배 때 설교 대신 자녀 세미나를 진행하는 편이 좋다. 요즘 모두가 바쁘기 때문에 줌(ZOOM)이나 온라인으로 자녀 교육 세미나를 진행하면 오히려 효과를 볼 수도 있다.

부모 멘토링 프로그램

교회 안에서 자녀 양육을 잘한 선배 부모와 아직 고민거리가 많은 후배 부모를 연결해주는 프로그램이다. 선배 부모가 후배 부모의 멘토가 되어서 현실적인 조언을 해주고, 가족끼리 종종 모임을 가지면서 서로 선한 영향력을 주고받을 수 있다.

집단 상담 프로그램 운영

두 종류의 집단 상담 프로그램이 가능하다. 첫째로, 부모를 대상으로 하는 교회 내 집단 상담 프로그램을 진행하면 매우 효과적이다. 기독교 집단 상담가들이 많이 있기 때문에 프로그램을 찾기가 어렵지는 않을 것이다. 둘째로, 부모와 자녀가 함께하는 집단 상담 프로그램도 좋다.

흔히 세대통합 프로그램이라고 하면 상당히 어렵게 생각하는데, 그럴 필요가 전혀 없다. 주일학교 세팅도 전체를 다 뒤집어엎지 않아도 된다. 우선은 부모를 주일학교 사역에 동참시키면서 사역의 큰 그림을 그리기 시작하면 된다. 세대통합 교육의 시작은 부모 세대가 자녀 세대와 함께하는 것이다. 아직도 세대통합 교육이 어렵다고 생각한다면 다음 장에 소개한 보다 구체적인 실천 방안을 참조하기 바란다.

CHANGE

— 6장

Change 3

바꿔라!
이렇게 – '청암교회 사례'

세대통합 교육의 옷을 입은 청암교회, 변화의 시작

　기존 주일학교 패러다임에서 세대통합 교육으로 변화를 꾀하려면 교회 담임 목사부터 부교역자들과 장로들까지 모두가 큰 부담을 가질 수 있다. 필자가 먼저 이야기하고 싶은 것은 세대통합 교육을 실천하는 것이 결코 어려운 일이 아니라는 것이다. 그러면서도 가장 성경적인 교육이고, 무엇보다도 교회의 규모와 관계없이 실천할 수 있는 주일학교를 살리는 최고의 대안이라는 것이다. 세대통합 교육, 어렵지 않다.

　사실 지금 목회를 하고 있는 청암교회에 부임하기 전부터 무조건 교회교육은 세대통합으로 하기로 마음을 먹었다. 그 이유는 현재 주일학교 구조보다 세대통합이 훨씬 성경적이기 때문이다. 그런데 부임하고 보니까, 정말로 세대통합 교육 그림이 청암교회에 딱 맞는 옷이었다는 사실을 깨닫게 되었다.

필자는 목회의 중심이 되는 말씀을 마태복음 22장 32절로 삼았다.

"나는 아브라함의 하나님이요
이삭의 하나님이요 야곱의 하나님이로라."

이 말씀이 73년 전통을 가진 청암교회에 딱 맞았다. 다음과 같은 이유로 세대통합 교육이 청암교회에 잘 어울린다고 확신했다.

첫째, 세대통합 교육이 가장 성경적인 교육 방법이다. 성경은 세대통합 교육을 분명히 주장하고 있기 때문이다.

둘째, 3대가 함께 신앙생활 하는 청암교회에 가장 좋은 교육 방법이다. 청암교회에서 주일은 예배드리는 날이기도 하지만 3대가 함께 만나는 자리다. 따라서 프로그램도 세대가 함께하도록 하는 것이 가장 효과적이라고 생각한다.

셋째, 전통교회일수록 세대통합 그림이 잘 맞는다. 고령화된 성도들이 많을수록 소외감도 커질 수 있다. 그렇기에 온 세대가 함께하는 예배나 프로그램이 적절하다.

넷째, 전도를 통해 새 가족 유입이 힘든 교회에 딱 맞는 그림이다. 1990년대 이후 한국 교회 중에 성장한 교회는 거의 수평 이동으로 이루어졌다.[1] 아파트가 대규모로 건설되는 신도시 개발 지역을 제외하고 대부분의 교회는 제자리걸음 또는 후퇴를 경험하고 있다. 청암교회는 서울시 용산구 청파동, 말 그대로 구도심에 있다. 현재 교회가 가지고 있는 위치적 한계로 인해 새 가족 유입이 힘들 때, 세대통합 교육은 교회를 늘 새롭게 만들고 성도들 안에 영적 활력소를 불어넣어 준다.

다섯째, 인구 감소 시대에 가장 좋은 대안은 세대통합 교육이다. 오늘날 "벚꽃 피는 순서대로 대학교가 문을 닫는다"는 말이 실현되고 있다. 그만큼 아이들이 없다. 최윤식 박사는 지금 이대로 가면 30-40년 후에 전체 성도수가 300만 명대에 머물고 주일학교는 30-40만 명대로 줄어들 것으로 예측했다.[2]

2020년 우리나라 출산율은 전 세계에서 꼴찌를 기록했다. 인구 절벽 시대를 맞이해 조만간 상당히 많은 교회가 지금과 같은 부서 운영이 어려울 것으로 보인다. 많은 교회 안에 연령대가 낮은 아이들 부서일수록 빨리 없어질 것이고, 궁극적으로는 많은 주일학교가 문을 닫게 될 것이다.

주일학교 생태계가 다 붕괴될 수 있는 이 상황에서 유일한 대안과 희망은 무엇인가? 세대를 통합하는 교육이다! 과거처럼 나눠서 하려고 하지 말고 함께할 수 있는 길을 모색할 필요가 있다.

2021년, 사상 유례없는 코로나19 상황 속에서 세대통합 교육은 오히려 진가를 발휘했다. 청암교회가 코로나19 상황을 잘 극복할 수 있었던 배경도 세대통합 교육의 힘에 있다.

한국 교회의 전통적인 주일학교 프로그램은 각 부서를 특화시키는 것이었지만, 코로나19 상황에서 주일학교 각 부서는 제 기능을 거의 하지 못했다. 반면에 코로나19는 가정을 강화시켜 주었다. 온 가족이 집에서 하는 모든 프로그램은 전혀 문제가 되지 않았다. 그래서 가정에 집중하고 부모를 강조하는 세대통합 교육이 코로나19 상황에서 더욱 빛났다.

지금 한국 교회가 가지고 있는 가장 큰 숙제인 신앙의 세대 계승은 세대통합 교육을 통해 가장 효과적으로 진행된다. 성경이 말하고 있는 바 '아브라함의 하나님이 이삭의 하나님이 되시고, 이삭의 하나님이 야곱의 하나님이 되시는 것'이 세대통합 교육의 핵심이기 때문이다.

이제 구체적으로 청암교회에서 시행한 세대통합 프로그램을 소개하면 다음과 같다.

말씀의 세대통합

가장 먼저 시행한 것은 말씀의 세대통합이었다. 이 방법이 교회에서 진행하기에 가장 수월했다. 미취학 부서부터 시작해 주일학교 전 부서가 『매일성경』을 가지고 큐티를 하고 주일 설교도 같은 본문으로 했다. 새벽예배도 『매일성경』 본문으로 설교해 나갔고, 목장 모임도 『매일성경』 본문으로 진행했다.

부임과 동시에 전 교인을 대상으로 큐티 세미나를 열었고, 온 세대가 매일 같은 말씀을 보게 했다. 가정에서 신앙적인 대화가 가능하게 하기 위함이었다. 자녀가 들은 주일 설교 본문이 이미 부모가 큐티한 말씀이기 때문에 가정에서 자연스럽게 말씀을 통한 대화를 할 수 있다.

가족들의 대화 속에 하나님의 말씀이 들어 있다는 사실 자체가 놀랍지 않은가! 많은 가정 안에 변화가 일어났다. 어떤 가정은 "No Bible, No Breakfast"(성경이 없으면 식사도 없다)를 실천해 함께 말씀을 보지 않으면 식사를 하지 않기도 했다.

연중에는 아이들과 부모들이 큐티를 얼마나 잘하고 있는지 중간 점검하는 차원에서, 주일 오후 예배 때 '온 가족 큐티 발표회'를 가졌다. 연령별로 큐티를 발표하고 은혜를 나눴다. 이 시간에는 웬만한 강사의 설교 시간보다 은혜가 더욱 넘친다. 많은 성도가 아이들이 큐티하는 모습에 도전을 받기 때문이다. 가정마다 기발한 방법으로 큐티하는 방법이 전수되기도 한다.

그리고 어린이주일에는 아이들의 큐티 책을 전시해 모든 성도가 함께 보면서 말씀 나눔의 힘을 키웠다. 연말에는 큐티를 꾸준히 잘한 아이들을 대상으로 시상을 한다. 주일학교의 모든 기준은 말씀에 있다.

물론 하루아침에 배부를 수는 없었지만, 큐티를 강조함으로써 양육 과정에 있는 성도들이 끊임없이 큐티를 발전시켜 나갈 수 있었다. 목장에서도 큐티 나눔을 하면서 큐티가 짧은 시간에 성도들 생활의 일부로 정착되었다.

부모가 말씀을 중심으로 서 있지 않으면 자녀들 역시 말씀으로 따라올 수 없다. 말씀의 세대통합 열쇠는 '부모가 말씀의 사람이 되는 것'이다. 이를 위해 부모 교육이 절실함을 느껴 가정예배 세미나를 개최하는 등 지속적인 노력을 기울이고 있다.

| 큐티 발표회 순서 (주일 오후 예배 시) |

시간	순서
2:35-2:50	찬양
3:51-2:55	대표 기도
2:56-3:00	설교
3:01-3:40(40분)	유치부, 유년부, 초등부, 청소년부, 청년부, 장년부 각 1명씩 발표 (발표 학생 중 부모 2명을 선정해 자녀와 같은 본문 말씀으로 발표)
3:41-3:45	총평 및 마무리
3:46-3:50	찬양
3:51-3:52	축도

2021년 여름에는 코로나19로 인한 사회적 거리두기 4단계 시행으로 교회 모든 부서가 비대면의 시간을 보내게 되었다. 그리고 마침 그 시기가 주일학교 학생들의 여름 방학 시즌과 겹친 것을 확인하고, 전 교인을 대상으로 교리 훈련을 진행했다.

초등학생부터 장년까지 『웨스트민스터 소요리 문답 이해 쓰기』를 활용하여 소요리 문답 필사하기 훈련을 했다. 가정마다 시간을 정해서 쓰거나, 목장별로 서로 격려하며 필사하면서 교인의 80%가 적극적으로 이 훈련에 참여했다. 무엇보다도 신앙의 가장 기본이 되는 교리 공부를 온 세대가 함께했다는 데 의미가 있었다.

기도의 세대통합

우리 부모 세대처럼 기도를 많이 한 세대도 없을 것이다. 그러나 이처럼 좋은 기도의 모습이 자녀들에게 연결되지 않았다는 것이 참으로 안타깝다.

지방에서 사역하던 시절 아내가 서울에서 공부하느라 일주일에 하루는 혼자 5살 아들을 종일 돌보아야 했다. 가장 걱정되었던 것은 새벽예배였다. 아이를 집에 혼자 두고 가야 했기 때문이다. 마음을 졸이며 매번 아이가 잠자는 모습을 확인하고 조용히 새벽기도회에 갔다.

그러던 어느 날 새벽기도를 드리는데 느낌이 이상해서 옆을 봤더니, 아들이 옆에 앉아 있는 것 아닌가! 자다가 일어났는데 아빠가 없으니까 홀로 옷을 입고 교회로 걸어온 것이다. 그 후 아이가 무엇을 하나 지켜봤더니, 아빠처럼 무릎을 꿇고 기도했다. 아빠가 "주여!" 외치면서 기도하자 아이도 따라서 "주여!"를 외쳤다.

기도는 직접 보여 주어야 한다. 부모가 자녀들을 기도의 자리에 데리고 다니면서 기도하는 법을 보여 주어야 한다. 이것이 바로 샘플링 신앙 교육이다. 기도는 책을 통해 만들어지기 어렵다. 필자는 샘플링 교육의 힘이 크다는 사실을 알았기에 청소년 사역을 하던 당시에도 아이들을 어른 성도들이 참여하는 기도회에 자주 참여시켰다. 기도가 가장 빨리 느는 방법이었다.

청암교회는 성도들의 절반 이상이 교회에서 멀리 떨어져 산다. 특히 젊은 성도들은 경기도권에 많이 산다. 주일을 제외하고 온 성도가 한 자리에 모이기가 매우 힘든 구조다.

그럼에도 매달 첫 주 토요일마다 '온 가족 새벽기도회'를 갖는다. 말 그대로 온 세대가 함께하는 기도의 자리다. 단지 어른 성도들이 기도하는 자리에 아이들을 참여시키는 그림이 아니다. 세대통합을 할 때 어른 성도들을 위주로 하면 실패하기 십상이다.

이날 온 성도는 새벽이지만 뜨거운 찬양으로 다 함께 주님의 보좌로 나아가고, 각 부서가 돌아가면서 특송을 한다. 그리고 모두가 들어도 부담되지 않는 재미있고 은혜로운 설교 말씀이 선포된다. 주일학교 자녀들을 위한 안수 기도 시간도 있다. 기도회 후에는 성도들이 돌아가면서 간식을 제공하기에 아침 식사도 자동으로 해결된다.

'온 가족 새벽기도회'는 청암교회에 완전히 정착된 프로그램으로, 토요일 새벽마다 많은 성도가 본당을 꽉 채워 기도하며 함께 은혜를 나누고 있다.

| 온 가족 새벽기도회 순서 |

시간	순서
5:50-6:05	찬양
6:06-6:10	특송
6:11-6:30	설교
6:31-6:42	기도회 1. 말씀을 통한 개인 기도 제목 2. 교회를 위한 기도 제목 3. 가정과 자녀를 위한 기도 제목
6:42-7:10	자녀 안수 기도
7:11-	간식 및 폐회

예배의 세대통합-절기 세대통합 예배

부교역자 시절에 성탄절 예배를 온 가족이 함께하는 세대통합 예배로 드린 적이 있다. 교회 규모가 워낙 컸기에 대형 프로젝트를 매우 꼼꼼하게 준비했다. 예배 시간을 90분으로 잡았고, 온 세대 아이들이 모두 예배 순서에 참여하게 했다. 예배는 기획한 대로 끝났다.

이후 부모들과 성도들에게 몇 가지 피드백을 받았다. 성도 중 교회에서 열심히 봉사하는 분들이 자녀와 예배드린 지가 몇 년 만이라며 아주 좋았다고 말했다. 주일마다 각각 섬기는 자리가 있어서 부모와 자녀가 서로 얼굴 보기도 힘든데 함께 예배드려서 정말 좋았다고 말하는 분도 있었다. 예배 순서에 포함된 프로그램이 너무 좋아서 큰 감동을 받았다고도 했다.

무엇보다 평소보다 긴 시간 예배를 드렸으나 전혀 지루하지 않고 은혜가 넘쳤다고 했다. 비록 한 번의 경험이었지만 앞으로도 계속 세대 통합 예배를 시도해야겠다고 마음먹었다.

사실 민족 고유의 명절이 되면 온 가족이 함께하는 시간을 갖는데 교회에는 그런 기회가 없다는 점이 늘 아쉬웠다. 구약 시대 이스라엘 백성은 3대 절기 때 모두 축제를 벌였는데 오늘날 교회에는 온 세대가 함께하는 축제가 없다는 점도 못내 아쉬웠다.

그래서 교회의 주요 절기들을 중심으로 온 세대가 함께하는 예배를 청암교회에 부임하기 전에 미리 구상해 두었다. 부활절, 맥추감사절, 추수감사절, 성탄절, 송구영신예배, 창립기념주일, 주일학교 졸업예배 등 7회 정도가 가능해 보였다. 약 2개월에 1회 세대통합 예배가 가능해 보였다.

그리고 이날만은 모두가 한자리에 모이기에 주일 오전에 한 번만 예배드리는 것으로 구상했다. 보통 교회에서 세대통합 예배를 드리면 주일 오후 예배나 저녁에 특별한 시간을 할애해 함께하게 하는데, 그 경우 모든 성도가 함께하지 못한다는 아쉬움이 있었다.

주일학교 예배를 없애고 어른 성도들과 아이들이 매주 함께 예배드리는 교회도 있는데, 생각보다 아이들과 청소년들의 불만족이 매우 크다. 그런 면에서 교회의 큰 절기를 중심으로 한 대가족 예배, 세대통합 예배가 가장 적당하다고 판단했다. 또한, 청암교회는 본당이 매우 넓어서 온 성도가 한자리에 모이기에 적격이었다.

세대통합 예배에서 가장 중요한 것은 예배의 주제에 맞게 예배를 디자인하는 것이다. 주로 절기 예배 중심이기 때문에 예배 디자인이 매우 수월하다. 현수막 등 데코레이션까지 철저하게 예배 콘셉트에 맞게 디자인할 필요가 있다.

그다음으로는 예배 순서가 중요하다. 두 가지 측면에서 접근했다. 첫째로, 주일예배 순서는 가급적 유지하고자 했다. 둘째로, 어른 성도들의 예배만 아니라 주일학교 전체의 예배가 되기를 바랐기에 모든 부서의 아이들을 예배에 참여시켰다.

교독문 낭송은 유년부가, 헌금송은 초등부가 맡아서 했다. 성경 본문 암송은 유치부, 설교 후 특별 순서는 청소년부가, 마지막 셀레브레이션(축하송)은 청년부가 맡았다. 심지어 대표 기도는 두 명이 하는 듀엣 기도로 구성해 주일학교 학생과 장로님 한 분이 함께 맡았다.

당일 찬양 인도는 특정 목장을 지정해 그 목장의 모든 가족이 다 함께 찬양팀으로 봉사하게 했다. 광고도 3대가 함께하는 광고로 디자인해 재미있게 연출했다. 상황에 따라 필요하면 설교 앞부분에 장년부 연극도 넣었다. 이처럼 온 세대가 참여하니 예배가 재미있고 전혀 지루하지 않았다.

세대통합 예배에서 가장 중요한 요소를 꼽으라면 설교다. 다른 모든 프로그램에 주일학교 부서를 잘 배치하더라도 설교가 어른들을 대상으로 한 설교에 머물러 버리면 세대통합 예배는 실패할 확률이 높다.

어떤 목사는 어른 성도들도 설교를 이해하는 사람과 이해하지 못하는 사람이 있듯이, 아이들도 똑같은 설교를 듣다 보면 믿음이 자란다는 말도 안 되는 주장을 한다. 아이들과 어른들은 사용하는 어휘도 다르고, 표현도 다르고, 이해할 수 있는 상황과 배경도 다르다.

설교는 다 동일하다고 얼버무리는 식의 사고로는 세대통합 예배가 불가능하다. 세대통합을 기획한다면 담임 목사는 설교를 매우 중요하게 생각해야 하고, 몇 번에 걸친 회의와 피드백을 통해 온 세대를 대상으로 삼은 설교를 만들어 내야 한다.

미국 유학 중에 출석했던 웨지우드교회는 매주 세대통합 예배를 드렸다. 백발이었던 담임 목사의 설교를 잊을 수 없다. 설교가 시작되면 담임 목사가 어린이들만 강단 앞으로 초청한다. 그리고 그 아이들을 대상으로 재미난 스토리텔링 설교를 한다. 설교가 끝나면 앞문으로 아이들만 빠져나가고 바로 이어서 분반공부가 진행된다. 매우 특별한 주일학교 그림이다. 그 후 담임 목사가 이어서 설교를 하는데, 아이들에게 들려준 스토리텔링 설교는 그날 설교 주제에 맞는 서론 내용이다.

만약 담임 목사에게 아이들을 섭렵할 수 있는 설교의 특별한 은사가 있으면 세대통합 예배를 진행하기가 훨씬 수월할 것이다. 사실 필자와 같이 청소년 사역을 오랫동안 해온 사역자에게는 모든 세대에 맞춰 설교하는 일이 그리 힘든 일이 아니다. 하지만 오랜 경험이 수반되어야 할뿐더러 어느 정도 아이들을 비롯한 성도들의 흥미를 끌 만한 말의 은사가 있어야 가능한 것이 현실이다.

만약 담임 목사가 온 세대를 대상으로 재미있게 설교할 수 없다면 세대통합 예배 때만큼은 부교역자가 설교하도록 하는 것이 좋겠다. 큰 문제가 되지는 않으리라 생각한다.

또 다른 방법으로 듀엣 설교를 제안한다. 설교 전체 시간을 30분으로 잡고, 먼저 10분간 부교역자가 주일학교 아이들을 대상으로 설교를 하고 마친다. 이후 자연스럽게 담임 목사가 어른 성도들을 대상으로 후반부 설교를 이어 가는 방법이다. 이 경우 부교역자와 잘 소통하여 설교가 매끄럽게 연결되도록 노력할 필요가 있다.

설교 시간이 아이들에게 지루하게 느껴져서는 절대로 안 된다. 그러면 세대통합 예배에 실패하고 말 것이다.

2020년 처음으로 세대통합 예배를 드렸는데 반응이 가히 폭발적이었다. 본당에 강대상을 치우고 그날 예배 주제에 맞게 멋지게 세팅했다. 필자는 그날 오랜만에 강단을 돌아다니면서 어린이, 청소년, 어른 할 것이 없이 온 성도와 소통하면서 재미있고 신나게 설교를 했다. 예배 중간중간 진행된 각 프로그램 역시 정말 좋았다.

그날 예배는 평소 주일예배보다 늦게 끝났다. 하지만 성도들은 한마디로, '전에 없던 놀라운 예배였다'는 반응을 보였다. 장로님들은 무엇보다도 그날 예배에 아이들이 진지하게 참여하는 모습에 놀라셨다.

지루하지 않고 재미있으니 아이들이 떠들 이유가 없었다. 아이들은 평소 자기 교육 부서 예배보다 오히려 더 재미있고 신났다고 고백했다. 나이 많은 어르신들도 평소보다 훨씬 많은 인원이 한자리에 모여 본당을 꽉 채워 예배드리니 은혜를 더 많이 받았다고 고백하셨다. 2020년 맥추감사절 예배는 너무 특별해서 모 기독교 방송국을 통해 전국으로 송출되기도 했다.

| 추수감사절 세대통합 예배 순서 |

시간	내용	담당자/참여 부서
10:45-10:59	예배 찬양	○○ 목장 가족팀
11:00-11:04	예배의 부름, 송영, 사도신경	담임 목사, 호산나 찬양대
11:05-11:07	찬송가	다 같이
11:08-11:11	교독문	유년부와 전 교인
11:12-11:18	듀엣 대표 기도	청소년부 학생과 장로
11:19-11:23	호산나 찬양대 찬양	호산나 찬양대
11:24-11:27	3대가 함께하는 영상 광고	○○○ 장로 가족
11:28-11:30	성경 본문 암송 챈트	유치부
11:31-11:40	설교 도입 콩트	○○ 목장
11:41-12:00	설교	담임 목사
12:01-12:10	헌금 봉헌송	청소년부
12:11-12:09	셀레브레이션(축하 및 축복)	청년부
12:10-12:11	축도	담임 목사

세대통합 예배를 드리면서 이러한 생각이 들었다.

'그래, 이게 진짜 예배다.'

어린아이부터 나이 많은 어르신까지 온 세대가 한자리에 앉아 함께 찬양하고 기도하고 말씀을 듣는 모습, 마치 축제인 양 온 성도가 행복하게 예배드리는 모습, 이것이 진짜 예배라는 생각이 들었다.

이처럼 세대통합 예배에 모든 성도가 즐겁게 참여하는데, 예배가 거듭될수록 예배의 수준도 높아지고 있다. 교회에 세대통합보다 더 좋은 그림은 없다고 확신한다.

선교의 세대통합

온 가족이 함께 복음을 증거하는 사역에 동참한다는 것은 어마어마한 일이다. 지금은 코로나19로 인해 교회마다 선교의 문이 막혀 있지만, 조만간 열릴 것으로 기대한다.

우리나라처럼 해외 선교에 관심이 있는 나라가 또 있을까? 그간 해왔던 교회의 단기 선교 훈련 방향을 조금만 바꾸면 온 세대가 함께하는 선교 잔치로 만들 수 있다. 온 가족이 함께하는 시간 중에 복음 전파 사역보다 더 귀하고 값진 일은 없을 것이다.

미국에서 이민 교회 사역을 할 때 멕시코 단기 선교를 계획했던 적이 있다. 처음부터 의도한 바는 아니었는데, 6개 가정이 가정별로 함께하는 온 가족 단기 선교였다.

우선 2개월 동안 매주 단기 선교에 참여하는 아이, 어른 모두가 함께 준비 모임을 했다. 서로 기도 제목을 나누며 기도했고, 함께 언어를 공부했고, 함께 프로그램을 기획했다. 이 모임에 어떠한 사람도 열외는 없었다. 주로 청소년들은 공연과 발표 준비에 힘썼고, 어른들은 노방 전도와 사역 지원 파트 쪽에 힘을 실었다.

멕시코에서 일주일간의 사역이 시작되었다. 아이들은 멕시코의 열악한 환경을 처음 겪어 보기에 처음에는 불평을 많이 했다. 하지만 자신이 얼마나 좋은 환경에서 살고 있는지를 깨닫고는 감사하는 마음을 갖게 되었다. 또한, 믿지 않는 영혼들에게 복음을 증거하면서 예수 그리스도를 믿는 신앙이 얼마나 중요한지를 깨닫는 시간을 가졌다. 무엇보다도 복음 전도의 열매를 직접 체험한 것이 가장 값진 결과였다.

40도가 넘는 무더운 날씨에 에어컨 하나 없이 사역이 진행되었다. 땀으로 목욕을 하면서 사역하는 자녀들의 모습에 부모들은 안타까운 마음을 가졌지만, 한편으로 깊이 감동했다. 또한, 부모들은 자녀들이 공연할 때 기도로 도왔다.

밤에는 현지인 주택에서 잠을 잤다. 타일로 된 맨바닥에서, 그것도 바퀴벌레가 기어 다니는 곳에서 모두 함께 잠을 청했다. 샤워 시설이 거의 없어서 종이컵에 물을 받아 씻었다.

온 가족이 함께 선교지에서 땀을 흘리고 복음을 위해서 고생한 기억보다 더 값진 기억이 있을까. 다시 미국에 돌아온 후 단기 선교에 참여한 아이들의 간증이 지역 일간지에 실렸다. 간증문을 읽은 많은 사람이 감동을 받았다.

그간 해마다 방학이면 해외여행을 많이 떠났는데, 그림을 조금만 바꾸어 보자. 일가족이 함께 해외여행을 가는 경비로 해외에서 함께 복음을 증거하는 것이다. 온 가족이 함께 복음을 증거하는 것과 해외여행을 떠나는 것, 둘은 감히 비교가 안 된다.

복음을 위해서 온 가족이 한마음을 갖고 한 몸으로 움직이며 함께하는 것보다 더 좋은 세대통합 프로그램은 없다. 코로나19 이후 청암교회는 방학이면 온 세대가 함께 해외와 국내에 복음을 증거하러 떠날 계획이다.

세대통합의 열매

세대통합 교육에서 진정으로 중요한 것은 가정에서 부모의 역할이다. 세대통합 교육 및 가정 사역이 열매를 맺기 위해서는 부모의 변화가 필수적이다. 부모의 변화가 동반되지 않는 세대통합 교육은 100이면 100 실패의 결과를 낳는다. 청암교회도 부모를 먼저 변화시키기 위해 몇 가지 시도를 했다.

첫째, 양육 과정에서 부부 관계에 변화를 주었다. 청암교회 성도의 양육 과정 중 '사역반'이 있는데, 이 과정의 교육 내용 대부분을 부부 관계와 가정에서 부모의 역할에 대한 것으로 채웠다. 부부간에 사랑하고 존중하는 법을 다시 배우게 했고, 말씀을 실천하며 성경적인 부부상을 회복하게 했다.

그 결과 사역반 양육 과정을 수료한 많은 가정에 변화가 일어났다. 특히 중직자임에도 냉랭한 관계를 유지해왔던 부부가 부드러운 관계로 변화되었다. 어떤 분은 수십 년 만에 남편이 처음으로 변했다고 고백했다.

부부 관계가 끈끈해지면, 부모와 자녀의 관계 역시 매우 좋아지게 된다. 자녀들에게 좋은 신앙적인 자양분을 주지 못하는 가장 큰 이유가 나쁜 부부 관계에 있기 때문이다. 따라서 양육 과정을 통해 변화된 부부 관계는 가정 사역 및 세대통합 교육에 큰 도움을 준다.

둘째, 부모를 대상으로 여러 프로그램을 시행했다. 특히 엄마들을 대상으로 한 '마더와이즈'의 반응이 좋았다. '마더와이즈'를 하면서 엄마로서 가지고 있었던 많은 아픔과 상처가 치유되었고, 영적으로 용기를 내어 남편과 자녀들 앞에 서는 계기가 되었다고 한다.

셋째, 시즌마다 부모 세미나를 열어서 부모가 자신들의 문제를 깨닫게 하고, 가정에서 신앙적으로 어떤 역할을 해야 하는지 좋은 지침을 얻게 해 주었다. 부모 집단 상담 프로그램을 통해 여러 부모가 같은 문제로 갈등하고 있다는 사실을 알게 된 성도들이 공감대를 형성하기도 했다. 자녀에게 접근하는 방법을 조금 더 구체적으로 훈련한 결과, 부모와 자녀의 관계가 개선되는 가정도 많았다.

이러한 시도들은 한 가정이 신앙 안에서 제대로 통합되는 결과를 낳게 했다. 물론 세대통합 교육을 하면서 여러 가지 부족함도 많이 느끼고 있다. 세대통합 목회로 패러다임을 바꾸었다고 한순간에 모든 가정이 변화되거나 모든 열매를 맺을 수 있는 것은 아니었다. 그러나 시도가 중요하고, 시작이 이미 절반을 차지했다고 본다. 지금 당장 변화된 모습이 보이지 않는 가정일지라도 시간이 지나면 자연스럽게 신앙으로 하나가 되고, 믿음의 열매를 맺게 되리라 확신한다.

〈세대통합 교육에 도움이 되는 책〉
『D6 DNA』(론 헌터, D6코리아교육원)
『잠자는 중고등부를 깨워라』(이정현, 베다니)
『가정아, 믿음의 심장이 되어라』(보디 바우컴, 미션월드)
『내 아이, 신앙이면 충분하다』(이철승, CLC)

나가는 말

다시 한번 교회는
세대통합으로 가야 한다

누군가 필자에게 한국 교회 다음 세대 사역에 있어서 대안을 말하라고 한다면, 과감히 세대통합이라고 말하겠다. 많은 교회가 고령화되어 가는 이 시국에 세대통합 주일학교가 교회를 살리는 유일한 대안이 될 것이다.

부서 중심의 교회교육은 이미 한계에 다다랐다. 아이들도 새롭게 변하는 교회를 찾고 있다. 이제 교회는 하나로 가야 한다. 교회교육은 하나여야 한다. 우리의 기득권과 생각을 조금만 내려놓는다면 모든 교회에서 세대통합 교육이 가능하리라 믿는다.

시대가 변했다. 교회는 반드시 이 사실을 인지해야 한다.

지금까지 우리가 이끌어 온 주일학교의 형태는 산업 혁명과 더불어 시작되었다. 수많은 공장이 세워지면서 일손 부족 현상이 나타났고, 이 현상을 극복하기 위해 많은 부모가 일자리에 뛰어들었다.

그 결과 부모들이 일하러 간 사이 많은 자녀가 방치되었고, 교회들은 방치된 아이들을 돌보기 위해 목회적 돌봄 프로그램을 만들었다. 이것이 바로 주일학교의 시작이다.

이후 큰 전쟁이 끝난 뒤 한 시대에 많은 아이가 태어나면서 베이비붐 세대가 왔다. 각 가정에서는 자녀의 양육을 다 감당하지 못하게 되었고, 자연스럽게 주일학교가 자녀 양육을 함께 감당하게 된 것이다.

그러나 시대가 변했다. 인공지능이 곳곳에 있는 4차 산업혁명 시대를 넘어 포스트 코로나 시대를 맞이하여, 예전처럼 사람과 접촉을 즐겨할 수 없다. 국내 출산율까지 세계 최저를 유지하고 있어서 어딜 가나 아이들은 너무나 귀한 존재가 되어버렸다.

이러한 시대 변화에 가장 어울리는 교회의 목회 방향은 무엇일까? 바로 세대가 통합된 주일학교다.

지금은 과거처럼 길가는 아이들을 무조건 교회로 인도하기 어려운 시대다. 공원이나 동네에서 전도하여 익명의 아이들을 교회로 이끌기에 무리가 있다. 주일학교 어린이 한 명이 교회에 오려면 반드시 부모의 동의를 받아야 하기 때문이다. 부모 없이 아이들을 움직일 수 없다. 반드시 부모를 주일학교의 주요 동역으로 삼는 세대통합이 필요한 것이다.

무엇보다도 세대통합 교육은 성경에서 말하고 있는 교회교육의 기본 틀이다. 우리는 다시 성경으로 돌아가는 귀한 일을 해야 한다. 교회는 위기 때마다 성경을 부르짖었고, '오직 성경'을 외쳤을 때, 개혁의 열매를 거둘 수 있었다. 이제는 주일학교 교육을 개혁할 때가 왔다. 방법은 다시 성경으로다.

지난 수년 동안 주일학교는 쇠퇴만 거론되었으며, 현실적인 회복의 방안 없이 계속 추락만 하고 있다. 지금, 바로 이때가 세대통합의 절묘한 타이밍이다.

변화는 타이밍이다. 그리고 변화는 리더십의 결단을 통해서 일어난다. 이제 교회적 결단이 필요하다. 교회의 당회여, 중직자들이여, 변화의 한 목소리를 내어주길 바란다. 지금은 변화의 때다. 모두가 변화를 말하고 있다. 과거의 주일학교 구조에서 벗어나 세대통합 패러다임으로 가야 한다. 이게 주일학교를 살리는 길이 될 것이다.

세대통합 교육으로 한국의 모든 교회가 다시 살아나길 소망한다.

CHANGE

— 부록

Q&A.
목회자를 위한
세대통합 사역
1:1 코칭

73년 전통을 가진 교회의 변화를 자연스럽게 이루어내기 위해
교회 중직자들과 많은 이야기를 나누셨으리라 생각됩니다.
교회의 방향성을 세우고 중직자들을 설득할 때,
목회자가 유의해야 할 점이 있다면 한 말씀 부탁드립니다.

많은 목회자가 좋은 비전을 제시하지만 그게 오히려 교회의 문제를 일으키는 경우를 종종 봅니다. 이럴 때 보면, 그 비전 자체에 문제가 있기보다 목회자가 제시한 비전이 교회와 맞지 않은 경우가 많습니다. 따라서 목회자는 지금 사역하는 교회에 가장 잘 어울리는 옷이 무엇인지 충분히 파악하는 시간을 가져야 합니다. 자기주장이 옳다고 무조건 밀어붙이면 오히려 탈만 날 것입니다.

제가 청암교회에서 세대통합 교육의 비전을 품은 이유는 교회에 딱 맞는 옷이라고 판단했기 때문입니다. 그래서 부임하기도 전에 미리 장로님들에게 비전을 나누고 충분히 소통했습니다. 그 덕에 부임 후 세대통합 교육으로의 패러다임 전환이 쉬웠던 것입니다. 부임 후에도 토요일 새벽마다 양육반 시간에 장로님들과 비전을 공유했고, 지금도 주일 아침 당회 때마다 장로님들과 소통하고 있습니다.

일반적으로 전통 교회는 담임 목사의 일방적인 리더십으로 움직여지지 않고 당회를 통해야 원활하게 움직이기 때문에 결국에는 장로님들과 소통이 가장 중요합니다. 따라서 시간이 날 때마다 장로님들과 비전에 대해서 깊은 대화를 나누시길 바랍니다.

> 전통 교회에서 세대통합 목회를 시작하면 크고 작은 어려움을
> 만나게 될 텐데요, 교회의 변화가 시작될 때 겪게 되는
> 어려움에는 무엇이 있는지 궁금합니다.
> 변화를 이루어가는 교회에 실제적인 도움이 될 수 있도록
> 각각의 어려움에 따른 극복 방법도 함께 말씀해 주시기 바랍니다.

첫째, 세대통합 목회가 무엇인지 이해를 못 하는 데서 오는 문제가 있습니다. 특히 함께 사역하는 교역자들이 가장 큰 걸림돌이 될 수 있습니다. 세대통합 목회는 교회교육의 패러다임을 바꾸는 것이기 때문에 교역자들의 역할이 매우 중요합니다. 교역자들이 이해하지 못하고 따라오지 못하면, 매우 힘들 수 있습니다. 먼저 교역자들을 대상으로 세대통합 목회에 대해 교육하고 훈련하는 시간을 가져야 합니다.

둘째, 담임 목사가 세대통합 목회의 정확한 그림을 그리고 있지 못하면 혼란을 겪게 됩니다. 그냥 귀동냥으로 좋은 프로그램이라고 생각하고 세대통합 사역을 도입할 경우, 처음에는 유지가 될지 몰라도 지속적인 사역을 하기가 어렵습니다. 시행착오는 계속 발생하고, 교인들의 불만도 생겨날 텐데 '이 사역을 계속해야 하는가?'라는 고민이 들 수 있습니다. 따라서 담임 목사가 세대통합의 큰 그림을 세우고 있어야 합니다.

셋째, 세대통합 예배로 인해 주일예배 순서가 변경되고, 교회에 새로운 프로그램이 생겨날 때, 변화 자체를 싫어하는 교인이 있을 수 있습니다. 특별한 이유가 있어서 반대하는 것이 아니라, 그냥 무조건 반대 의견을 제시하는 분이 있을지 모릅니다. 이럴 때 의견이 충돌하지 않게

교인을 잘 설득하는 과정이 필요합니다. 설교나 세미나를 통해서 교인들에게 성경적인 교회교육이 무엇인지 알려 주는 것이 도움이 될 것입니다. 계속 설득해 나가다 보면, 모두 설득할 수 있으니 포기하지 마시고 많은 대화를 나누시길 바랍니다.

넷째, 전통 교회에서 변화의 속도가 너무 빠를 경우, 연세가 많으신 분들이 변화를 받아들이기 힘들어하실 수 있습니다. 변화에서 교회의 어른들이 소외되지 않도록 살피고 배려해야 합니다. 한 번에 모든 것을 바꾸기보다 천천히 하나씩 변화를 시도하시기 바랍니다. 하나씩 변화를 이루어가다 보면 변화의 동력을 얻게 될 것입니다.

전통 교회의 구조에서 세대통합 교육으로 변화를 시도할 때
사역자의 역할과 배치에도 변화가 필요할 것 같습니다.
교구 사역자와 교육 부서 사역자의 역할을 어떻게 하면
지혜롭게 구분할 수 있는지, 세대통합형 사역자 배치는
어떻게 이루어지는지 조언 부탁드립니다.

실은 이 부분이 세대통합 사역에 있어서 가장 선행되어야 할 부분입니다. 변화에 앞서 교회의 모든 사역자가 세대통합 사역에 대해서 충분히 연구하고 공감하는 시간을 가져야 합니다. 사역자가 준비되어 있지 않으면 세대통합 사역이 시행될 수 없습니다.

사역자들이 세대통합 사역에 대한 모든 준비를 마친 뒤, 그다음에 사역 배치를 해야 합니다. 교회가 크지 않아 전임 사역자가 없는 경우라면 오히려 쉽게 사역을 재배치할 수 있습니다. 담임 목사가 모든 장년 사역을 담당하고 교육부 담당 전도사들이 아이들 사역과 부모 사역을 하면 됩니다.

중형 교회 이상의 경우에는 교구를 자녀의 학령 나이로 묶는 것이 좋습니다. 예를 들면, 어린이 담당 사역자가 어린이와 그 부모 세대를 담당하는 사역을 하고, 청소년 담당 사역자가 청소년과 그 부모 세대를 담당하는 사역을 하면 됩니다.

장년 교구 사역을 해 보면, 대부분 성도의 기도 제목과 관심이 자녀에게 있다는 것을 알 수 있습니다. 그러나 안타깝게도 교구 사역자들이 자녀 세대에 대해서는 비전문가인 경우가 많습니다. 따라서 자녀 세대

사역의 전문가들을 교구 사역자로 준비시켜서, 교육 부서 아이들과 그들의 부모를 함께 목양하게 하는 것이 가장 이상적인 세대통합식 사역자 배치라고 봅니다.

초대형 교회는 교육 부서를 더 세분화할 수 있습니다. 예를 들면, 7세 사역자에게 7세 어린이들과 그들의 부모를 담당하는 사역을 맡기는 겁니다.

교육부와 지역을 묶는 방법도 있습니다. 예를 들면, 용산교구 어린이 전임 사역자는 그 지역의 어린이와 그들 부모를 담당하고, 청소년 사역자는 그 지역의 청소년과 그들의 부모를 담당하는 방법입니다.

청암교회는 3대가 함께 신앙생활을 하는 경우가 많기 때문에 전임 사역자가 첫째 아이 연령에 맞춰서, 그 아이와 아이의 부모와 조부모까지 함께 담당하고 있습니다. 이 방법은 3대를 아우르는 좋은 방법이 될 수 있을 것입니다.

청암교회의 변화가 빠르게 이루어졌음에도 불구하고 성도들이 변화를 자연스럽게 받아들일 수 있었던 이유가 비전 선포 때문이라고 하셨는데요, 목사님만의 비전 선포 방법이 있으신지요? 비전 선포에 대해 조금 더 구체적으로 말씀해 주시면 비전을 선포하려는 목회자들에게 도움이 될 것 같습니다.

교회의 변화에 있어서 담임 목사의 비전 선포는 매우 중요합니다. 저는 비전 선포를 한 번만 하는 데 그치지 않고, 여러 번 반복적으로 합니다. 우선은 설교에 계속 비전이 묻어 나오게 합니다. 그러면 함께 예배를 드리는 분들과 자연스럽게 비전을 공유할 수 있습니다.

설교뿐 아니라, 예배의 광고 시간, 기도회 시간, 정규 양육 과정 등 성도들이 모이는 모든 자리를 비전 선포의 자리로 활용합니다. 성도들이 비전을 자연스럽게 받아들일 수 있도록 반복적으로 제시합니다. 심지어, 성도들을 심방할 때도 비전을 나눕니다.

제가 수시로 비전을 제시하다 보면 그 비전에 따른 변화와 움직임이 실제로 나타납니다. 교인들도 시각적으로 비전을 보게 되기 때문에 확신을 가지고 목회 방향을 따라올 수밖에 없습니다.

세대통합 목회에 대한 성도들의 반응이 궁금합니다.
세대 별로 어떤 반응을 보였는지, 어떤 변화가 이루어졌는지
기억에 남는 일화가 있다면 소개해 주세요.

처음 온 세대가 통합하여 예배드렸던 날의 풍경을 잊을 수 없습니다. 아이들 때문에 예배 분위기가 산만할 줄 알았는데, 전혀 그렇지 않았습니다. 리허설을 잘해서 그런지 아이들은 자신이 속해있는 부서 순서에 잘 참여했고, 예배를 잘 드린 정도가 아니라 부서 예배보다 재미있어했습니다. 세대통합 예배에 이벤트까지 있어서 아이들이 은근히 세대통합 예배를 기대합니다.

부모 세대 역시 아이들과 함께 예배드리는 것을 행복해합니다. 무엇보다도 늘 비어있었던 본당을 꽉 채워서 예배다운 예배, 역동성이 있는 예배를 드리니 부모 세대가 아주 만족합니다.

어르신들은 어린이와 젊은 세대와 함께하는 것, 그 자체를 좋아합니다. 교회가 확 젊어진 느낌을 받기 때문일 겁니다. 특히 청년들이 뜨겁게 찬양하는 모습만 보아도 은혜와 도전을 받는다고 합니다. 세대통합 예배는 모든 세대에게 행복을 준다고 생각합니다.

자녀의 신앙 교사가 된다는 것에 부담을 느끼고 적극적으로
세대통합 교육에 협조하지 못하는 부모들을 만나기도 합니다.
이런 부모들을 결단하게 할 만한 노하우가 있으시다면
공유 부탁드립니다.

처음부터 교회가 부모의 역할에 대해 많은 부분을 강조한다면, 부모로서는 큰 부담을 느낄 수밖에 없습니다. 이러한 접근보다는 세대통합을 단계적으로 심층화하는 것이 좋습니다. 부모들이 자연스럽게 세대통합 안에 스며들게 해야 합니다. 단계적으로 부모를 세대통합에 스며들게 하는 방법은 다음과 같습니다.

1단계, 부모들을 자녀의 예배에 동참시킵니다. 자녀와 함께 예배만 드려도 이미 세대통합에 들어와 있는 것입니다.

2단계, 세대통합 예배 시간에 온 가족이 서로를 위해서 기도하는 시간을 갖게 합니다. 부모가 자녀의 손을 잡고 기도하고 있다면 세대통합이 잘 되고 있다고 보시면 됩니다.

3단계, 설교 시간에 부모와 자녀가 함께 할 수 있는 미션을 줍니다. 미션을 수행하면서 부모와 자녀의 관계가 끈끈해지며, 이 과정을 통해 심화의 세대통합으로 갈 수 있습니다.

세대통합을 예배로 시작하면 부모들이 갖는 부담을 확 줄일 수 있습니다. 그다음 부모들이 할 수 있는 것을 하나씩 숙제로 주면 됩니다.

자녀의 신앙 교육에 관한 이야기를 나눌 때는 실패 사례를 많이 나누는

것이 좋습니다. 자녀 양육의 성공을 자랑하는 분위기가 아니라, 부끄럽지 않게 실패를 오픈하는 분위기가 되어야 합니다. 자녀를 신앙으로 양육하는 일이 많은 부모에게 힘든 일이기 때문입니다.

교회의 리더들부터 자신이 겪은 자녀 양육의 실패담과 연약함을 나누면서 서로를 위해 기도하는 분위기를 만든다면, 모든 부모가 용기를 얻게 될 것입니다.

맞벌이 부모가 많아지면서
조부모의 양육 참여도가 높아지고 있습니다.
가정에서 조부모와 부모, 자녀 3대가 함께할 수 있는
신앙 교육 프로그램이 있다면 소개 부탁드립니다.

요즘 조부모의 영향을 받지 않는 자녀가 거의 없습니다. 많은 미취학 아동이 조부모의 손을 거치고 있고, 초등학생까지도 조부모의 영향을 받습니다. 어쩌면 당연하게 조부모와 부모가 자녀의 신앙 교육을 함께 감당하고 있을지도 모릅니다. 3대가 함께할 수 있는 신앙 교육 방법을 몇 가지 소개해 드립니다.

<u>첫째, 조부모가 아이를 돌볼 때, 성경과 관련된 어린이 동화를 읽어주면 신앙 교육에 큰 효과를 얻을 수 있습니다.</u> 성경 이야기를 활용하여 간단한 게임을 하면서 간식을 주는 것도 흥미로운 방법입니다. 요즘 아이들이 동영상 콘텐츠를 좋아하니까 성경의 이야기가 담긴 영화를 함께 보는 것도 좋겠습니다.

<u>둘째, 주말에 3대가 모여 식탁 교제를 하는 겁니다.</u> 세대통합이 진행되고 있는 교회라면, 주중 큐티 본문과 주일 설교 본문이 같아서 식탁 교제 때 자연스럽게 신앙 교육을 할 수 있습니다. 할아버지가 성경 퀴즈를 내고 손주가 맞출 때 선물을 주면 재미있는 시간이 될 것입니다.

<u>셋째, 한 달에 한 번 혹은 시즌이나 절기 때마다 3대가 함께 가정예배를 드리는 겁니다.</u> 할아버지 장로님, 할머니 권사님이 일방적으로 인도

하는 예배가 되지 않도록 아이들이 예쁜 주보를 만들게 하고, 순서 곳곳에 참여하게 합니다. 사회는 아빠, 대표 기도는 손주, 말씀은 할아버지, 필요하면 아이들 재롱 잔치 겸 특송도 넣을 수 있습니다.

넷째, 새해나 설날에 3대가 모여 가족사진을 촬영하고, 사진 한 장에 온 가족의 신앙 목표와 기도 제목을 적어서 걸어 놓으면 좋습니다. 매년 새롭게 가족사진을 찍고 기도 제목을 적어두면 아주 좋은 가족 작품이 될 뿐만 아니라, 가족의 역사를 기록할 수 있습니다.

다섯째, 주말에 3대가 함께 기독교 유적지를 방문하는 일도 좋은 신앙 교육이 됩니다. 자녀들에게 미리 방문할 곳을 알려 주고 온라인 사전 답사를 하게 하면 더 좋습니다. 자녀들은 방문할 곳을 미리 찾아보며 호기심을 갖게 되고 더 신나는 여행을 하게 될 것입니다.

여섯째, 조금 더 깊은 신앙 교육을 할 단계가 되면, 선교사님 한 분을 정해서 그분을 위해 기도해 보시기 바랍니다. 선교 지향적인 믿음의 3대가 될 수 있습니다.

부모와 함께 교회에 다니지 않고
혼자 신앙생활을 하는 아이들이 있습니다.
세대통합 교육을 할 때 이 아이들이 소외되지 않게 하는
대안이 있는지 궁금합니다.

원래 교회에서 가정은 혈연을 뛰어넘습니다. 예수님도 막 3:35에서 "누구든지 하나님의 뜻대로 행하는 자가 내 형제요 자매요 어머니이니라"고 말씀하셨습니다. 홀로 교회를 다니고 있거나 교회에 나오고 있더라도 영적인 영향력이 전혀 없는 부모 밑에서 자라는 아이들이 있다면, 교회에서 확장된 개념의 가정을 만들어 주면 됩니다.
성도 중 누군가를 그 아이의 영적 부모로 세워주는 겁니다. 마치 디모데에게 사도 바울이 아버지였던 것처럼 말입니다. 혹, 교회의 교사가 혼자 신앙생활을 하는 아이의 부모가 되어준다면 그 아이에게 더없는 기쁨이 될 것입니다. 교사가 없다면 교육부 사역자들이 직접 영적 부모가 되어주면 됩니다. 저는 이민 교회에서 목회할 때, 역할을 제대로 하지 못하는 부모들을 대신해서 교회 아이들의 부모가 되어주었습니다. 수년간 아이들을 위해 차량 운행을 하고, 식사를 챙겨주고, 모든 신앙 교육을 감당했습니다. 그 아이들이 지금 아주 잘 자라있습니다.
요즘 핵가족이 대부분이지만, 영적인 입양으로 교회의 가정들을 대가족화한다면 세대통합 프로그램을 할 때 소외감을 느끼는 아이들이 없게 될 것입니다.

마지막으로
세대통합 사역을 시도하려는 목회자들에게
격려의 메시지를 부탁드립니다.

갈수록 주일학교 사역이 어려워질 것입니다. 특히 과거의 수적으로 많았던 시대로 다시 돌아가기는 불가능하리라 봅니다. 그래서 목회자들은 교회 안에 다음 세대를 보면서 자칫하면 자괴감을 느끼게 될 수도 있습니다.

그러나 꼭 사역자가 사역을 제대로 하지 못해서 열매가 보이지 않거나, 교사가 아이들 관리를 하지 못해서 아이들의 수가 줄어드는 것이 아니라는 사실을 기억해야 합니다.

우리에게 중요한 건 시대를 읽는 눈입니다. 기존의 주일학교 형태가 3차 산업 시대에 어울리는 옷이었다면, 4차 산업 혁명 시대와 포스트 코로나 시대에는 세대통합이 가장 잘 맞는 옷입니다.

세대통합은 성경적인 교육 방식을 따르기 때문에 절대 실패하지 않을 것입니다. 한국 교회가 가지고 있는 부흥에 대한 간절함과 열정이 세대통합으로 흘러가기만 한다면, 좋은 교회교육 모델이 나오리라 생각합니다. 목회의 방향을 빨리 바꾸시기를 바랍니다.

주

들어가는 말

1) http://www.kidok.com/news/articleView.html?idxno=210859.
2) Tim McKnight, *Engaging Generation Z*(Kregel Ministry, 2021), p. 20.
3) 같은 책, p. 32.
4) 같은 책, p. 39.
5) http://www.pckworld.com/print.php?aid=7095950201.

1장 ｜ 바꿔라! 그게 사는 길이다

1) http://ko.wikipedia.org/wiki/젊은이의_반란.
2) https://www.barna.com/research/children-church-home.
3) 어와나(AWANA)는 'Approved Workmen Are Not Ashamed', 즉 '부끄러울 것이 없는 인정된 하나님의 일꾼'이라는 말씀(딤후 2:15)의 약자로서, 미취학 어린이부터 청소년까지 성경암송을 기반으로 활동적인 성경적 프로그램을 진행하는 국제 선교단체다.
4) 임만호, 『아이들이 교회로 몰려온다』(서울: 생명의말씀사, 2017), p. 27.
5) 테드 딘터스미스, 『최고의 학교』(서울: 예문아카이브, 2019), p. 60-61.
6) 최재붕, 『포노 사피엔스』 (서울: 쌤앤파커스, 2019), p. 24-50.
7) 제니퍼 라이트, 『세계사를 바꾼 전염병 13가지』 (서울: 산처럼, 2020), p. 15-47.
8) https://www.hankookilbo.com/News/Read/A2020090920500003153?dtype=1&dtypecode=d752ea1a-614b-4aa0-9310-6f76381a7860&did=DA&prnewsid=A2020091009440003533.

2장 | 바꾸기 전, 주일학교 실패의 원인을 분석하라!

1) http://www.christiantoday.us/19014.
2) https://www.churchofengland.org/sites/default/files/2020-10/2019StatisticsForMission.pdf.
3) https://www.hani.co.kr/arti/economy/economy_general/984270.html.
4) https://www.newsnjoy.or.kr/news/articleView.html?idxno=302780.
5) 론 헌터 주니어, 『D6 DNA-세대 간 신앙 계승을 위한 나침반』(서울: D6코리아하우스, 2017), p. 38-39.
6) https://www.hankyung.com/society/article/2018100430361.
7) 허두영, https://brunch.co.kr/@davidstoneheo/68.
8) http://news.kmib.co.kr/article/view.asp?arcid=0923514346.
9) Stuart Cummings-Bond, "The One-Eared Mickey Mouse", *Youthworker Journal*(Fall, 1989): p. 76-78.
10) https://www.timothypauljones.com/family-ministry-the-mickey-mouse-model-of-youth-ministry/.

3장 | 바꾸기 전, 주일학교 기본기부터 체크하라!

1) 문화랑 외, 『회복하는 교회-우리가 다시 모일 때』(서울: 생명의말씀사, 2020), p. 17.

4장 | 바꿔라! 부모를 가장 먼저

1) 지소영, 『153 가정예배』(서울: 두란노, 2020), p. 73.
2) Christian Abiodun Ibiloye, *Overcoming Family And Personal Challenges*(NC: Grace Life and Hope Ministry, 2015), p. 11.
3) Christian Smith and Melinda Lundquist Denton, *Soul Searching*(New York: Oxford University Press, 2005), p. 218-271.
4) http://mhdata.or.kr/mailing/Numbers84th_210219_Full_Report.pdf.
5) http://kr.christianitydaily.com/articles/100499/20190617/%EB%8B%A4%EC%9D%8C%EC%84%B8%EB%8C%80-%EC%8B%A0%EC%95%99-%EC%A0%84%EC%88%98-%EB%B6%80%EB%AA%A8%EB%B6%80%ED%84%B0-%EB%A7%90%EC%94%80%EC%9D%98-%EB%8A%A5%EB%A0%A5-%EA%B2%BD%ED%97%98%ED%95%B4%EC%95%BC.htm.

5장 | 바꿔라! 주일학교 패러다임을 '세대통합 교육으로'

1) Tim McKnight, *Engaging Generation Z: Raising the Bar for Youth Ministry*(Grand Rapids: Kregel Ministry, 2021), p. 32.
2) Steve Wright, *Rethink*(Wake Forest: InQeust, 2003), p. 29.
3) http://photo.nocutnews.co.kr/news/5546553.
4) 로버트 W. 린, 엘이오트 라이트, 『주일학교 역사』(서울: 기독교문서선교회, 1993), p. 25.
5) https://news.joins.com/article/12069163.
6) https://en.wikipedia.org/wiki/The_Church_of_Jesus_Christ_of_Latter-day_Saints_membership_history.

7) https://www.washingtonpost.com/national/on-faith/how-did-mormons-grow-so-fast-they-changed-how-they-counted/2012/05/04/gIQAErNm1T_story.html.
8) Christian Smith and Melinda Lundquist Denton, *Soul Searching* (New York: Oxford University Press, 2005), p. 35.
9) 레지 조이너, 『싱크 오렌지』(서울: 도서출판디모데, 2009), p. 25.
10) 'D6'는 '신명기 6장'(Deuteronomy 6)의 약자로, 론 헌터 주니어를 중심으로 시작한 세대통합 사역에 집중하는 콘퍼런스다.
11) https://www.barna.com/research/children-church-home.
12) http://www.kidok.com/news/articleView.html?idxno=82514.
13) 티모시 폰 존스, 『가정 사역 패러다임 시프트』(서울: 생명의말씀사, 2014), p. 47-49.
14) http://www.kidok.com/news/articleView.html?idxno=209644.
15) 이정현, 『잠자는 중고등부를 깨워라』(서울: 베다니, 2008), p. 27-31.
16) 같은 책, p. 88-92.

6장 ㅣ 바꿔라! 이렇게 – '청암교회 사례'

1) 최윤식, 최현식, 『2020-2040 한국교회 미래지도 2』(서울: 생명의말씀사, 2017), p. 51.
2) 최윤식, 『2020-2040 한국교회 미래지도』(서울: 생명의말씀사, 2013), p. 39.

사명선언문

너희가 흠이 없고 순전하여……세상에서 그들 가운데 빛들로
나타내며 생명의 말씀을 밝혀 _ 빌 2:15-16

1. 생명을 담겠습니다
만드는 책에 주님 주신 생명을 담겠습니다.
그 책으로 복음을 선포하겠습니다.

2. 말씀을 밝히겠습니다
생명의 근본은 말씀입니다.
말씀을 밝혀 성도와 교회의 성장을 돕겠습니다.

3. 빛이 되겠습니다
시대와 영혼의 어두움을 밝혀 주님 앞으로 이끄는
빛이 되는 책을 만들겠습니다.

4. 순전히 행하겠습니다
책을 만들고 전하는 일과 경영하는 일에 부끄러움이 없는
정직함으로 행하겠습니다.

5. 끝까지 전파하겠습니다
모든 사람에게, 땅 끝까지, 주님 오시는 그날까지
복음을 전하는 사명을 다하겠습니다.

서점 안내

광화문점	서울시 종로구 새문안로 69 구세군회관 1층 02)737-2288 / 02)737-4623(F)
강남점	서울시 서초구 신반포로 177 반포쇼핑타운 3동 2층 02)595-1211 / 02)595-3549(F)
구로점	서울시 동작구 시흥대로 602, 3층 302호 02)858-8744 / 02)838-0653(F)
노원점	서울시 노원구 동일로 1366 삼봉빌딩 지하 1층 02)938-7979 / 02)3391-6169(F)
일산점	경기도 고양시 일산서구 중앙로 1391 레이크타운 지하 1층 031)916-8787 / 031)916-8788(F)
의정부점	경기도 의정부시 청사로47번길 12 성산타워 3층 031)845-0600 / 031)852-6930(F)
인터넷서점	www.lifebook.co.kr